THOMAS EHLKE

WEINKOMPASS RHEINHESSEN

DIE 50 BESTEN STRAUSSWIRTSCHAFTEN UND GUTSSCHÄNKEN

3. Auflage:
vollständig überarbeitete und aktualisierte Neuauflage

LEINPFAD VERLAG

3. Auflage Sommer 2017

Umschlag: kosa-design, Ingelheim (mit einem Foto von Torsten Zimmermann)
Fotos: Thomas Ehlke: S. 47, 48, 49, 78, 79, 84, 85, 87, 96, 97, 100, 101; Jason Sellers: S. 115; alle anderen Fotos stammen von Torsten Zimmermann
Layout: Leinpfad Verlag, Ingelheim
Druck: Wolf print, Ingelheim

Leinpfad Verlag, Leinpfad 5, 55218 Ingelheim,
Tel. 06132/8369, Fax: 896951
E-Mail: info@leinpfadverlag.de
www.leinpfadverlag.com

ISBN 978-3-945782-35-4

Inhalt

Vorwort

Die Menschen in Rheinhessen haben es gut. Sie leben nicht nur im größten deutschen Weinanbaugebiet, sondern auch in einer wunderschönen, durch den Rhein und sanfte Hügel geprägten Landschaft. Ein besonderes Privileg, das die Rheinhessen allerdings mit den Menschen in anderen Weinanbaugebieten teilen, sind die kurzen Wege zum Winzer. **Der Genuss wohnt um die Ecke.** Wer guten Wein trinken will, braucht nicht in den Supermarkt oder in den Fachhandel zu fahren. Er findet den Rebensaft seiner Wahl, seines Geschmacks und seines Geldbeutels in einem der rund 3200 rheinhessischen Winzerbetriebe. Rund 250 – so eine Schätzung der Landwirtschaftskammer Rheinland-Pfalz – von ihnen schlüpfen auch in die Rolle des Gastwirts, öffnen ihre Straußwirtschaften und Gutsschänken. Und diese Zahl steigt. Die Weingastronomie blüht auf. Jedes Jahr kommen neue Weinstuben hinzu. Zwar sind immer noch viele Tore der Winzerhöfe geschlossen – vor allem an Wochentagen –, aber die Weinerzeuger im Städterechteck zwischen Mainz, Worms, Alzey und Bingen haben erkannt, dass es angesichts wachsenden Konkurrenzdrucks in einer globalisierten Wirtschaftswelt nicht reicht, „nur" guten Wein zu erzeugen, er muss auch an Mann und Frau gebracht werden.

Und dazu sind Straußwirtschaften und Gutsschänken vom Kunden gerne besuchte Stätten bodenständiger Gastlichkeit, in denen der Gast das findet, was er im Alltag zusehends vermisst. Das Bedürfnis der Menschen nach Gemütlichkeit und Entschleunigung in einer lauten und schnellen Zeit wird von diesem gastronomischen Genre bedient. **Der direkte Kontakt zum Erzeuger, der Plausch mit dem eben noch fremden Tischnachbarn, das familiäre Flair, schmackhafte Speisen – Pfunde, mit denen diese Gastkultur wuchert.**

Doch bei der bestehenden Vielfalt tut Orientierung not. Dazu will dieser Führer beitragen, der den Weg zu den besten, außergewöhnlichsten, gemütlichsten und authentischsten rheinhessischen Straußwirtschaften und Gutsschänken ebnen will.

Thomas Ehlke, im Juni 2017

Blick von Vendersheim Richtung Rheinhessische Schweiz

2 Rheinhessen – ein erwachender Riese

Rheinhessen ist groß und weit. Das Land der tausend Hügel fristete lange Zeit ein Dasein als schlafender Riese. In den Weinbergen war über Jahrzehnte hinweg Produktivitätssteigerung angesagt und Erntemenge ein wichtiger Faktor. Überhaupt widmeten sich die Winzer vor allem der Weinproduktion in Weinberg und Keller. Mit der wachsenden Konkurrenz durch Lebensmitteleinzelhandel, wegbrechende traditionelle Märkte und beginnende Globalisierung mussten auch die Rheinhessenwinzer lernen, dass der Wein nicht nur erzeugt, sondern auch verkauft werden will. „Marketing" – seinerzeit ein Fremdwort – ist heute ein wichtiges Fachgebiet bei der Winzerausbildung. Zu Recht.

Eine Marketing-Strategie und Absatzschiene zugleich ist das Betreiben einer Winzerhofgastronomie. Aber was ist eigentlich der **Unterschied zwischen Straußwirtschaft und Gutsschänke**? Straußwirtschaften sind formal im Gaststättengesetz und in der Gaststättenverordnung von Rheinland-Pfalz genau geregelt. Sie dürfen nur von Vollerwerbswinzern betrieben werden – und zwar nur an dem Ort, wo sich der Betriebssitz befindet. Zum Wein dürfen nur einfache Speisen gereicht werden. Mit dem äußerst dehnbaren Begriff „einfache Speisen" ist nicht – wie gemeinhin vermutet – die Unterscheidung zwischen warmen und kalten Gerichten gemeint, wie aus einem Merkblatt der Landwirtschaftskammer Rheinland-Pfalz hervorgeht. Dort heißt es:

Blick vom Laurenziberg ins Rheintal, im Hintergrund der Rheingau

„Typischerweise verbindet man mit dem Genuss von Wein kleinere, zum Wein passende Gerichte, die schnell zubereitet bzw. gut vorbereitet werden können und die einen regionalen oder saisonalen Bezug haben. Das Kriterium ‚warm' oder ‚kalt' sollte nicht vorrangig gelten (geeignete warme Gerichte sind z.B. Zwiebelkuchen, Flammkuchen, Backeskartoffeln, Gemüse- und Kartoffelaufläufe, Winzersteak)." Die Öffnungszeiten von Straußwirtschaften sind zeitlich begrenzt – insgesamt maximal vier Monate in maximal zwei Blöcken. Gutsschänken dagegen sind gaststättenrechtlich konzessionierte Betriebe auf Winzerhöfen. Sie haben die Berechtigung, ganzjährig zu öffnen und auch ein breiteres Speisenangebot zu bieten.

Straußwirtschaft und Gutsschänke, Orte rheinhessischer Gast- und Gemütlichkeit, boomen: Der schlafende Riese erwacht auch hier – nicht zuletzt beflügelt durch die vielfältigen Impulse, die das Jubiläum „200 Jahre Rheinhessen" im Jahr 2016 gesetzt hat. Sicher, noch immer haben die Nachbarn in Pfalz und Rheingau mit ihrer weit größeren Tradition auf diesem Gebiet die Nase vorn. Doch nicht zuletzt dank der AG Straußwirtschaften und Gutsschänken in Rheinhessen, die unter anderem die „Wein trifft …"-Events ins Leben gerufen hat, blüht auch im größten deutschen Weinanbaugebiet die weingastronomische Kultur auf. Den Wein beim Erzeuger trinken und mit dem Winzer in Kontakt kommen, dazu gebietstypische Speisen essen, mit den bislang unbe-

kannten Tischnachbarn ungezwungen plaudern und so neue Menschen kennenlernen, das alles eingebettet in ein angenehmes Ambiente und attraktive Preise – Zutaten, die das Rezept Straußwirtschaft für viele zum Leibgericht werden ließen.
Mit der neuen Winzergeneration hat Rheinhessen einen Entwicklungssprung vollzogen. Die „**Generation Leidenschaft**" ist getrieben von der Lust an der Erzeugung von Spitzenprodukten, von Begeisterung und Enthusiasmus für ihren Beruf. Das schlägt sich natürlich in der Qualität der Weine nieder. Die hat bekanntlich ihren Preis. Auch das Umfeld hat sich entwickelt – bodenständige Rustikalität weicht gehobenem Ambiente. Und so ist längst nicht mehr jede Straußwirt-

schaft und jede Gutsschänke ein Hort günstiger Schnäppchenpreise bei Wein und Speisen. Es gibt mittlerweile eine große Bandbreite in Angebot und Preisen.
Einerseits sind da die zusehends weniger werdenden reinen Straußwirtschaften, in denen es zumindest mancherorts das Glas Wein noch für unter zwei Euro gibt. Andererseits steigt die Zahl der Gutsschänken, bei denen Ausstattung sowie Qualität von Wein und Speisen oft gehobenen Ansprüchen folgen. Hier sind Preise jenseits der Drei-Euro-Marke für ein Glas Wein nichts Ungewöhnliches – zum Leidwesen der traditionellen Straußwirtschaftsgänger. „Die Leute wollen den Wein am liebsten für einen Euro und das Essen darf auch nicht mehr kosten, aber dass auch unsere Betriebskosten steigen und wir große Anstrengungen bei der Weinerzeugung unternehmen mit entsprechend hohen Investitio-

nen in die Kellertechnik, das sieht niemand", skizziert der Betreiber eines Gutsausschanks aus dem Alzeyer Land die Situation aus Winzersicht.
Trotz allem sind Straußwirtschaften und Gutsschänken nach wie vor Publikumsmagneten. Das Bedürfnis der Menschen nach Gemütlichkeit in einer lauten und schnellen Zeit wird von diesem gastronomischen Genre ebenso bedient wie die Suche nach Authentizität in einer Welt voller Schein- und Trugbilder. Neben den Einheimischen haben seit einiger Zeit nun auch die Landeshauptstädter aus Mainz, die ehedem in den Rheingau fuhren, **das Weinparadies vor der Haustür** für sich entdeckt. Und auch die Südhessen sind begeisterte und von den rheinhessischen Winzern gern gesehene Straußwirtschafts- und Gutsschänkengänger.
Wo und wann genau Straußwirtschaften ihren Ursprung haben, darüber streiten die Gelehrten. Meist wird Karl der Große als „Geburtshelfer" genannt. Gewiss, in ihm hatte der Weinbau im 8. Jahrhundert einen mächtigen Förderer – gleichwohl ist der Frankenkönig wohl doch nicht der „**Erfinder der Straußwirtschaften**", als der er landläufig gilt. In seiner Landgüterverordnung „Capitulare de villis vel curtis imperii", die als „Geburtsurkunde" firmiert, ist allerdings, wie Heinz Jacobi 2001 unter Berufung auf den lateinischen Originaltext feststellt, „in den 70 Kapiteln nichts zu entdecken, was mit dem Aushängen von Sträußen beim Ausschank überschüssigen Weines zu tun hätte, eher sollte der wohl gemeldet und in den königlichen Keller geschickt werden".
Den Straußwirtschafts-Fans unserer Tage dürfte diese Spurensuche nach den „Geburtsrechten" einerlei sein, wenn sie genüsslich ihren „Halben" schlotzen, die dampfende Fleischwurst vor sich auf dem Teller. Für den Winzer ist der Betrieb einer Straußwirtschaft jedoch oft alles andere als gemütlich. Wie bei allen anderen gastronomischen Unternehmen auch, gilt es zu planen, zu kalkulieren, vorzubereiten, einzukaufen, bereitzustellen, hinter der Theke zu stehen, Gäste zu bedienen, die Logistik auch während des laufenden Betriebs zu organisieren – und ist abends der letzte Gast gegangen, ist längst noch nicht Schluss. Dennoch werden diese Mühen in Kauf genommen, denn die Straußwirtschaft ist eine Weinabsatzmaschine, wobei weniger die Mengen, die dort an Ort und Stelle getrunken werden, sondern die, die kistenweise in den Kofferräumen der Besucher verstaut werden, zählen.
In einer Zeit, in der die übrige Gastronomie einen schweren Stand hat, scheinen Straußwirtschaften und Gutsschänken wie Pilze aus dem Boden zu schießen. Man hat obendrein das Gefühl, je mehr es gibt, desto schwieriger ist es, einen Platz zu ergattern – getreu dem Motto „Konkurrenz belebt das Geschäft". Bei den besonders nachgefragten Weinstuben stehen die Gäste schon vor der Öffnungszeit Schlange.

Diese Lokalitäten machen schnell als „Geheimtipp" die Runde – und sind im Handumdrehen in aller Munde bekannt. Eines ist diesen guten Betrieben gemein: Sie sind Orte des Genusses und in jedem Fall **ein starkes Stück Rheinhessen.** Der erwachende Riese hat auf diesem Sektor einiges zu bieten.

3 Gebrauchsanweisung zum Genuss

Bei aller Vielfalt rheinhessischer Weingastronomie ist den Straußwirtschaften und Gutsschänken jedoch eines gemein: Es sind Orte der Entschleunigung, der Entspannung und des Genusses. Wer in Eile ist, möglichst schnell Speisen und Getränke ordern und verzehren will, sollte sich nach anderen Angeboten umsehen.
Der Besuch einer Straußwirtschaft oder einer Gutsschänke fängt eigentlich schon zu Hause an. Denn aufs Geratewohl loszufahren, kann zu einer Enttäuschung führen. Gerade weil sie so beliebt sind, sind diese Lokalitäten, allzumal die herausragenden, sehr gut besucht. Es empfiehlt sich also, vorher kurz anzurufen. Gleichwohl ist auch das nur bei den Betrieben wirklich zielführend, die **Reservierungen** vornehmen. Das sind allerdings beileibe nicht alle. Aber auch bei den anderen hilft ein kurzes Telefonat dabei, die Lage einzuschätzen, vor allem wenn ein weiter Anfahrtsweg in Kauf zu nehmen ist.
Straußwirtschaften und Gutsschänken sind Orte zwangloser Kommunikation. Das bedeutet, dass man sich üblicherweise zu anderen Gästen an den Tisch setzt, sollte es keine freien Tische mehr geben. Man fragt höflich – und schon hat man im Idealfall doch noch einen Platz im vermeintlich vollen Gastraum ergattert. Beim Wein kommt man mit den eben noch Fremden ins Gespräch, unterhält sich mitunter angeregt, tauscht Adressen aus – nicht die eigenen, sondern die anderer Straußwirtschaften …
Jene, die sich nicht so ganz sicher bei der Auswahl des richtigen Weins sind, sollten einfach die Winzerin oder den Winzer um eine Empfehlung bitten. An dieser Stelle muss leider vermerkt werden, dass die in Straußwirtschaften und Gutsschänken beschäftigten Servicekräfte mal mehr, mal weniger mit einer solchen Bitte überfordert sein können. Daher besser gleich an den Chef oder die Chefin wenden.
Wird der Wein serviert, nimmt man das Glas am Stiel – dort und nur dort wird es angefasst – und begutachtet zunächst das Aussehen des Weins. Ist er klar oder gibt es Trubstoffe? Zu diesen Stoffen zählt ausdrücklich nicht der Weinstein. Dabei handelt es sich um kristallisierte Salze der Weinsäure, die weder den Geschmack des Weins noch die Gesundheit der Menschen, die ihn trinken, negativ beeinflussen. Laut www.mine-

ralienatlas.de „besteht Weinstein im Wesentlichen aus Kaliumhydrogentartrat (Summenformel $KC_4H_5O_6$) und Calciumtartrat (Summenformel $CaC_4H_4O_6$)". Und wie Frank Kämmer in seinem „Kleinen Lexikon der Wein-Irrtümer" schreibt, ist Weinstein auch kein Zeichen besonderer Qualität, wie gerne und immer wieder behauptet wird.

Hat man die optische Prüfung absolviert, schwenkt man das Glas ein wenig, damit die Aromastoffe des Weins freigesetzt werden und mit dem Geruchssinn besser wahrnehmbar sind. Danach führt man das Glas nahe an die Nase und riecht, durchaus kräftig inhalierend, an dem Wein. Das Aufnehmen der Aromenvielfalt gehört untrennbar zum Weingenuss, auch wenn man nicht in der Lage ist, die einzelnen Aromen zu benennen und wie tatsächliche oder vermeintliche Weinkenner über Nuancen, Anklänge und Spuren zu schwadronieren, was im Übrigen auch nicht nötig ist. **Denn unter dem Strich zählt die alte Weisheit, wonach der beste Wein der ist, der einem schmeckt.**

Wer dennoch tiefer in die Welt der Aromen eintauchen will, sollte sich ein Aromarad besorgen, das es im gut sortierten Buch- und Fachhandel gibt. Anhand des Aromarades kann man dann im Praxistest herausfinden, ob man die Cassisnoten bei der Scheurebe riecht und schmeckt oder grünen Paprika, Stachelbeere und frische Kräuter beim Sauvignon blanc. Jenen, die es noch genauer wissen wollen, sei ein Sensorikkurs empfohlen.

Hat man nach dem Schwenken des Glases den Geruch des Weines inhaliert, nimmt man den ersten Schluck – und der darf geschlürft und auf schlürfende Weise im Mund bewegt werden. So werden die Geschmacksstoffe freigesetzt und sind von den Geschmacksnerven besser wahrzunehmen.

Auch in guten Weinbaubetrieben kann es vorkommen, dass ein Wein Fehltöne hat, die mit der sensorischen und geschmacklichen Prüfung festgestellt werden können. Der Korkschmecker ist der wohl bekannteste Fehlton. Mit dem Aufkommen der Glasverschlüsse und der nun sich auf dem Siegeszug befindlichen Longcap-Schraubverschlüsse wird dieses Problem jedoch merklich eingedämmt. Darüber hinaus sind Böckser (= fauliger Geruch), UTA (= Untypischer Alterungston) oder flüchtige Säure Fehltöne, die zuweilen vorkommen und für den Laien kaum zu benennen, aber zu schmecken sein dürften. Wird ein Glas serviert, bei dem der Gast einen Fehlton ausmacht, wird dies in der Regel anstandslos gegen ein neues ausgetauscht – gleich, ob es sich tatsächlich um einen Weinfehler handelt oder nicht.

4 Bewertungen – warum und wie

In diesem Führer sind 50 Straußwirtschaften und Gutsschänken beschrieben, die in puncto Wein- und Speisenqualität sowie Ambiente nach Überzeugung des Autors die besten, originellsten und authentischsten in Rheinhessen sind. Die Auswahl erfolgte sorgfältig und gewissenhaft.

Im Vordergrund stand bei dieser Auswahl die Weinqualität, denn das Produkt Wein ist die Basis einer jeden Straußwirtschaft und Gutsschänke. Die Weine wurden vom Autor selbst verkostet und bewertet. Bei der Verkostung und Bewertung der Speisen standen dem Autor drei Teams von „Testessern" zur Seite, die nach vorab festgelegten Kriterien ihre Bewertung vornahmen. Gleichwohl muss an dieser Stelle angemerkt werden, dass es sich bei der Bewertung von Speisen und Weinen um Momentaufnahmen handelt.

Natürlich kommt es vor, dass selbst der beste Koch und die erfahrenste Küchenchefin einmal einen schlechten Tag haben und vielleicht etwas zu tief in den Salztopf greifen oder das Fleisch zu scharf anbraten, doch diese Unwägbarkeiten konnten bei der Bewertung naturgemäß nicht berücksichtigt werden – wie dies im Übrigen bei Gastroführern auch üblich ist. Und: Weine verändern sich im Laufe der Zeit – auch wenn die Flasche verschlossen im Keller lagert.

Bei der Taxierung des Ambientes spielten Kriterien wie Originalität, Wertigkeit der Ausstattung und Sauberkeit eine Rolle. Auch hier floss neben dem Urteil des Autors die Meinung der „Testesser" ein. Gerade beim Thema Ambiente sind bei allem Bemühen um Objektivität subjektive Einflüsse nicht völlig auszuschließen. Die Gesamtnote gibt nicht unbedingt das mathematische Mittel der Einzelbewertungen wieder, da die Note für den Wein die ausschlaggebende ist und doppelt gewertet wurde.

Trotz der genannten Einschränkungen sind die Bewertungen nach festgelegten Kriterien sowie bestem Wissen und Gewissen vorgenommen. Sie sollen dem Leser und Nutzer dieses Führers Orientierung bieten. Denn während für den einen ausschließlich die Weinqualität beim Besuch einer Straußwirtschaft relevant ist, ist dem Nächsten eine gemütliche, gastfreundliche Atmosphäre viel wichtiger und der Dritte bevorzugt eine gute, mit frischen Produkten und ausgefallenen Rezepten arbeitende Küche. Anhand der Bewertungen und textlichen Erläuterungen sollte es jedem Leser und Nutzer dieses Führers möglich sein, die Straußwirtschaft oder Gutsschänke seiner persönlichen Priorität zu finden.

Bewertungskategorien

Wein:

1 Traube = Rheinhessen-Basic: einfach, aber gut
2 Trauben = gebiets- und rebsortentypische Weine
3 Trauben = sehr gute Rheinhessen-Weine
4 Trauben = hervorragende Rheinhessen-Weine
5 Trauben = Rheinhessen-Premium:
So schmecken die Spitzenerzeugnisse des Gebietes

Essen:

1 Traube = einfache, aber gute Speisen in begrenzter Auswahl
2 Trauben = gutbürgerliche Küche mit großer Speisenauswahl
3 Trauben = verfeinerte Küche mit kreativen Akzenten
4 Trauben = herausragende Qualität mit viel Liebe zum Detail
5 Trauben = Spitzenküche des Genres

Ambiente:

1 Traube = einfach, angenehm
2 Trauben = bodenständig, gemütlich
3 Trauben = stilsicher, geschmackvolle Details
4 Trauben = herausragendes Flair
5 Trauben = hier möchte man wohnen …

Gesamtbewertung:

1 Traube = Rheinhessen für Einsteiger
2 Trauben = empfehlenswert
3 Trauben = rundum gute Adresse
4 Trauben = zählt zu Top Ten des Gebiets
5 Trauben = besser geht's nicht

5 Die Top 10:

1. Alte Brennerei, Mölsheim:

Gastlichkeit auf höchstem Gutsschänken-Niveau: Wein, Speisen, Ambiente und Service in nahezu perfekter Harmonie, dazu das barocke Anwesen des alten Klosterhofs … das ist nicht zu toppen! (S. 70f)

2. Geils Scheier, Monzernheim:

Tolle Weine, wunderschöner Winzergarten, aufmerksamer Service … Pfunde, mit denen Geils Scheier wuchern kann. (S. 72f)

3. Beiser, Vendersheim:

Top Wein-Kollektion, klassisch-schlichte Eleganz bei der Raumgestaltung, Panoramablick ins Hügelland, „Chill out"-Montag … starke Eindrücke. (S. 102f)

4. Gres, Appenheim:

Hervorragende Wein-Kollektion, kommunikatives Winzer-Ehepaar, kulinarische Extra-Touren … ein weiniges Vergnügen. (S. 16f)

5. Huster, Ingelheim:

Charaktervolle Ökoweine, ungeheuer kreative Küche, stilvolles Ambiente … ein echter Geheimtipp. (S. 62f)

6. Zwitscherstubb, Nierstein:

Mit viel Liebe zum Detail gestaltete Gasträume, ein Winzer mit Humor und Esprit, rassige Rieslinge vom Roten Hang und schmackhaftes Essen = hoher Wohlfühl-Faktor. (S. 84f)

7. Listmann, Dorn-Dürkheim:

Winzer und Weine mit Persönlichkeit, angenehme Atmosphäre im Schatten von Mammutbäumen und sonntags ein Winzercafé mit ultraleckeren selbst gebackenen Torten und Kuchen … das findet man nicht überall. (S. 30f)

8. Kuhstall, Bettenheimer, Ingelheim:

Ausdrucksstarke Weine, Speisekarte mit „neimodische Minkelcher" und anderen Entdeckungen … gelebte Gastlichkeit in der Rotweinstadt. (S. 60f)

9. Walldorf-Pfaffenhof, Saulheim:

Speisekarte in Mundart, nostalgisch-extravagante Einrichtung, Boutique-Bummel im Lokal, ideenreiche Wirtin … hier atmet die rheinhessische Seele. (S. 88f)

10 Gehrings Weinwirtschaft, Nierstein:

Panorama ohne Ende, Pulled Pork und den Vollmond im Glas. Dazu jede Menge guter Wein-Ideen – auf Anhieb unter die Top Ten. (S. 78f)

10. Kleins Vinum, Nierstein:

Mediterrane Leichtigkeit des Seins in einer charmanten rheinhessischen Variante. Speisen mit Pfiff und coole Rieslinge. Aufsteiger! (S. 80f)

Top 10 TIPP

Weingut Gres **Gutsschänke**

Ingelheimer Straße 6
55437 Appenheim
Tel. 06725/3310
www.weingut-gres.de

Öffnungszeiten:
1. Wochenende nach Fastnacht bis Pfingsten: Fr ab 17, Sa ab 17, So und Fei ab 15 Uhr

Parken:
im Hof und in den angrenzenden Straßen

Reservierungen:
ja, freitags und samstags

Anzahl der Sitzplätze:
drinnen: 48
draußen: 30

Besonderheiten:
- Gästezimmer
- kinderfreundlich

Mein Tipp:
Appenheimer Flammkuchen mit hausgemachter Leberwurst, Blutwurst und Sauerkraut dazu ein Riesling Hundertgulden trocken

„Weine sollen ihr Geheimnis haben“

Trinkt man den Riesling Hundertgulden, den „vom Roten Stein“ oder den „von der Kreide“, dann schmeckt man Schluck für Schluck, was es mit dem Begriff Terroir auf sich hat, der in den Diskussionen um Wein immer wieder auftaucht. Dass die genannten wie auch die anderen Lagenweine des Appenheimer Gutes ein klares Herkunftsprofil haben, liegt an Klaus Gres. Der Weinbauingenieur erzeugt weiße und rote Weine voller Typizität, Nachhall und mit hervorragendem Mundgefühl. Im Weinberg kümmert sich Klaus' Vater Hans-Jürgen Gres um die „Kinderstube“ der Weine. Nimmt man das Ergebnis als Maßstab, funktioniert die Kooperation der Generationen glänzend. Neben den Rieslingen bestechen aber auch Silvaner, Burgunder und Sauvignon blanc durch feine Fruchtaromen und klare Struktur. Doch Gres lässt Weißen wie Roten auch ihre Individualität: „Die Weine sollen ihr Geheimnis haben“, sagt er. Die roten Spitzen des Gutes wie etwa die Cuvée „Gres Nummer I“, Spätburgunder S und Frühburgunder S brauchen selbst internationale Konkurrenz nicht zu scheuen. In der Küche wirkt Mechthild Gres, die Mutter des Weinmachers, und kreiert neben den Basics des Genres auch ausgefallene Gerichte wie Zanderfilet auf einem Linsenbett oder den Flammkuchen nach Appenheimer Art mit Sauerkraut, Leber- und Blutwurst. Klaus' Frau Isabell Gres kümmert sich umsichtig um Organisation und Service. Straußwirtschaft – auch hier ein echtes „family business“.

Bewertung:

GESAMT: 

Wein: 

Speisen: 

Ambiente 

Weingut Eberle-Runkel Straußwirtschaft

Niedergasse 25
55437 Appenheim
www.weingut-eberle-runkel.de

Öffnungszeiten:
Mai bis September:
Fr ab 18, Sa ab 17,
So und Fei ab 16 Uhr

Parken:
in den angrenzenden Straßen

Reservierungen:
ja

Anzahl der Sitzplätze:
drinnen: 50
draußen: 80

Besonderheiten:
- Schlachtfest im Mai

Mein Tipp:
Vitales Knerzje dazu ein Weißburgunder trocken

Rieslinge mit schmeckbarem Terroir

In der alten Hofreite im Appenheimer Ortskern treffen sich Einheimische und Gäste gerne zum gemütlichen Plausch beim Wein – und wenn das Wetter einmal nicht mitspielen sollte, verlagert sich das gesellige Geschehen in den rustikalen Winzerkeller mit seinem Natursteingewölbe. Bei den Runkels gibt es in puncto Weinbau eine mittlerweile schon klassisch zu nennende Arbeitsteilung: Während Vater Michael sich um die Weinberge kümmert, ist Sohn Stefan für den Keller zuständig. Der Weinbauingenieur erzeugt aus weißen und roten Trauben Weine, die ihm Empfehlungen in Gault Millaut und Eichelmann – den beiden maßgeblichen Weinführern der Republik – einbrachten. Seine im Edelstahl und Holz ausgebauten Weißweine gefallen durch ihren klaren Rebsortencharakter und das ebenso deutlich schmeckbare Terroir, wie etwa die fulminanten Rieslinge aus Hundertgulden und Honigberg belegen. Letztere sind durch die Mineralität des erzhaltigen Bodens gekennzeichnet. Die maischevergorenen Roten sind von internationalem Typ – ausgeprägte Tannine, kräftige Struktur. Dafür steht etwa die Frühburgunder Auslese aus der Selections-Linie des Gutes. Doch Stefan Runkel wirkt nicht nur im Keller. Gemeinsam mit seiner Mutter Beate sorgt er in der Küche dafür, dass die Gäste der seit knapp dreißig Jahren existierenden Straußwirtschaft nicht nur flüssige Nahrung zu sich nehmen können. Die Speisekarte reicht vom hausgemachten Griebenschmalz und Spundekäs über Vesperteller mit Hausmacher Wurst bis zur Schlachtplatte oder dem deftigen Winzersteak, das bei schönem Wetter im Hof gegrillt wird.

Bewertung:

GESAMT:

Wein:

Speisen:

Ambiente

Pilgerhof Weingut Fluhr Gutsschänke

Obere Kirchgasse
55234 Biebelnheim
Tel. 06733/6242
www.weingut-fluhr.de

Öffnungszeiten:
ganzjährig Do, Fr und Sa ab 18, So 11.30 bis 22 Uhr

Parken:
am Friedhof und an der Gemeindehalle, jeweils ca. 150 Meter entfernt

Reservierungen:
ja

Anzahl der Sitzplätze:
drinnen: 70
draußen: 50

Besonderheiten:
- Übernachtungsmöglichkeiten
- Weinvergnügen 1. Sa im Sept.
- Grillabende
- Buffets zu besonderen Anlässen (Ostern, Muttertag, Silvester etc.)
- Weinpicknick am Wingertsheisje
- Übernachtungsmöglichkeiten

Mein Tipp:
Bauernhandkäse in Essig, Öl und roten Zwiebeln mit Brot und Butter dazu ein Riesling Qualitätswein trocken

Besonderes Flair am Rande des Pilgerwegs

Ein Stück des historischen Jakobspilgerwegs verläuft direkt am Gut mit der anheimelnden Weinstube entlang und gibt dem Pilgerhof seinen Namen. In freundliche Pastelltöne getaucht, verheißt der Gastraum von der ersten Sekunde an, dass hier die Gemütlichkeit zu Hause ist. Blickfang ist eine aus Kupferrohr gefertigte Stehlampe, deren Arme an die Äste eines Baums erinnern. Es ist nicht der einzige Einrichtungsgegenstand, den Winzer Dieter Fluhr selbst erdacht und hergestellt hat. Mit Sohn Peter ist er für die Weine des Pilgerhofs zuständig. Peters Bruder Normen sorgt für den Service und die Gestaltung von kulturellen Events. Dafür hat das Gut in einem über hundert Personen fassenden Feierraum auch genügend Platz. Gemeinsam mit seiner Mutter Johanna arbeitet er am besonderen Flair des Pilgerhofs, der bei seinen vielfältigen Veranstaltungen zum Genuss mit allen Sinnen einlädt. Die von Johanna Fluhr geführte Küche bietet ein abwechslungsreiches Repertoire mit regionalen und saisonalen Gerichten. Die typisch rheinhessischen „Backes-Grumbeere" gibt es auf Vorbestellung ab zehn Personen. Die Weine des Gutes sind unkomplizierte Begleiter zu Speisen und geselliger Unterhaltung. Die Weißen lagern lange auf der Feinhefe, bevor sie gefüllt werden, die Roten sind alle auf der Maische vergoren. Das Rebsortiment wird von klassischen Sorten dominiert.

Bewertung:

GESAMT: 

Wein: 

Speisen: 

Ambiente 

Weingut Bungert Straußwirtschaft

Bornstraße 35
55411 Bingen-Kempten
Tel. 06721/12902
www.weingut-bungert.de

Öffnungszeiten:
Mitte Februar bis Mitte Mai, Mitte Oktober bis Mitte November: Di bis Sa 18 Uhr, So und Fei ab 16 Uhr

Parken:
direkt am Grundstück und auf dem Dreikönigsplatz (50 Meter entfernt)

Reservierungen:
ja (nur in der 1. Stunde)

Anzahl der Sitzplätze:
drinnen: 70
draußen: 30

Besonderheiten:
Planwagenfahrt (auf Anfrage), Ferienwohnung, Hoffeste an Fastnacht u. im November

Mein Tipp:
Winzersteak mit hausgemachtem Kartoffelsalat dazu ein Silvaner Classic

Mitten in der Schänke unterm Baum sitzen

Straußwirt zu sein, hat in der Familie Bungert schon eine lange Tradition. In den Fünfzigerjahren bewirtete man die Gäste im Wohnzimmer. Diese Zeiten sind lange vorbei. 1984 haben Josef und Eva Bungert ihre Straußwirtschaft in den jetzigen Räumen mit Hofbewirtschaftung eröffnet. Sie ist ein typischer Vertreter dieses gastronomischen Genres: bodenständige Speisen, schnörkellose, aber gute Weine, und das alles zu überschaubaren Preisen. Betritt man die Gaststube, fällt der Blick auf einen Baum, der seine kunstbelaubten Äste über Tische und Stühle spannt. Aus einem Offenbacher Lokal hat sich Josef Bungert, der Wert darauf legt, die Gäste selbst zu bedienen, diese ebenso eigenwillige wie pfiffige Deko-Idee mitgebracht. „Früher wollte niemand an den Tischen in der Mitte des Raums sitzen. Das ist jetzt anders", schmunzelt der Weinbautechniker. Der Raumschmuck verfehlt seine psychologische Bestimmung also nicht. „In unserer Küche ist alles hausgemacht … auch der Kartoffelsalat", sagt Eva Bungert, die beim Vorbereiten der Speisen und im Service von Tochter Anna unterstützt wird. Auf der Speisekarte mit regional-typischen Gerichten finden sich unter anderem Kartoffelsuppe mit gebackener Blutwurst, Nierengulasch sowie wöchentlich wechselnde Angebote. Renner ist der „Wingertsknorze", ein mit Schinken und Käse belegtes und überbackenes Baguette. Bei den weißen und roten Bungert-Weinen dominieren klassische Rebsorten. Die Quarzit-Böden der Steillage am Binger Schlossberg Schwätzerchen verleihen Silvaner und Riesling eine feine Mineralik.

Bewertung:

GESAMT:

Wein:

Speisen:

Ambiente

Weingut Dreikönigshof Krick

Straußwirtschaft

Dreikönigsstraße 5
55411 Bingen-Kempten
Tel. 06721/14009
www.weingut-dreikoenigshof.de

Öffnungszeiten:
Mitte März bis Anfang Mai, Mitte September bis Mitte November: tägl. ab 17, So und Fei ab 16 Uhr, Di Ruhetag

Parken:
an der Kirche und angrenzend

Reservierungen:
ja

Anzahl der Sitzplätze:
drinnen: 50 + 20 im Nebenraum
draußen: 30

Besonderheiten:
- Planwagenfahrten
- Weinwanderungen
- Feurige Winzernacht
- Ferienwohnung

Mein Tipp:
Hackbraten „Winzerart" dazu ein Binger Scharlachberg Chardonnay Krönung

Erlebnisse mit und um den Wein

Seit 1635 wird in der Familie Krick Weinbau betrieben. Der Hof hat seinen Namen von den Reliquien der Heiligen Drei Könige, die auf dem Transport nach Köln in der benachbarten Kirche über Nacht beherbergt worden sein sollen. Der Silvaner ist das Steckenpferd von Weinbauingenieur Jörg Krick. Und dass der Juniorchef des Weinguts Dreikönigshof ein gutes Händchen für diese Rebsorte hat, zeigen etwa das „Signum" genannte Premium-Erzeugnis oder die halbtrockene Silvaner „S" Spätlese. Im Zusammenspiel mit seinem Vater Peter, Winzermeister und Weinbautechniker, erzeugt Jörg Krick Weine, die den Charakter der jeweiligen Rebsorte betonen und ihre „Wiege" nicht verhehlen. Seit dem Jahrgang 2013 bieten die Kricks unter der Bezeichnung „Krönung" drei selektierte Premiumweine aus dem Binger Scharlachberg der Rebsorten Riesling, Chadonnay und Grauburgunder an. Die weißen Krick-Weine werden im Edelstahl gekühlt vergoren, die kraftvollen roten in Edelstahl und Barrique zur Reife gebracht. Spätburgunder, Dornfelder und Co. präsentieren sich samtig mit ausbalancierter Säure. Gutsschänke und Küche sind die Domäne von Kornelia Krick, die dabei von Schwiegertochter Kathrin unterstützt wird. Die Speisekarte ist mit genretypischen kalten und warmen Speisen bestückt, wobei Deftiges wie Winzersteak, „Dreikönigsstiggel" oder „Weck, Worscht un Woi" dominiert. Die Kricks bieten ihren Gästen über ihre Gutsschänke hinaus allerlei Erlebnisse rund um den Wein. Ein besonders reizvolles ist die „Feurige Winzernacht" – eine Fackelwanderung durch die Weinberge mit anschließendem Grillen über dem Rebknorzenfeuer – natürlich kommt auch dabei der Weingenuss nicht zu kurz.

Bewertung:

GESAMT:	
Wein:	
Speisen:	
Ambiente	

Weingut Potsdamer Hof Gauer Gutsschänke

Plattenhohl 1
55294 Bodenheim
Tel. 06135/2216
www.weingut-gauer.de

Öffnungszeiten:
ganzjährig: Mi bis Sa ab 16,
So und Fei ab 15 Uhr

Parken:
Parkplätze vor dem Haus

Reservierungen:
nein

Anzahl der Sitzplätze:
drinnen: 80
draußen: 80

Besonderheiten:
- wechselnde Gerichte
- „Sommer im Potsdamer Hof“: Musikfrühschoppen, Frühstücksbüfetts im Weingut, Mai bis Sept. monatl. an einem Sonntag

Mein Tipp:
Schlemmerschnitzel mit frischen Champignons, Sauce Béarnaise und Käse überbacken dazu ein Blauer Spätburgunder trocken

Urgroßvater „importierte“ den Gutsnamen aus Potsdam

Mitten in der Rebenlandschaft gelegen, ist der Potsdamer Hof ein beliebter Treffpunkt für Weinfreunde beiderseits des Rheins. Silke Acker-Gauer und Patrick Gauer verwöhnen hier ihre Gäste mit einem vielfältigen Angebot aus Küche und Keller. Doch wie kommt ein Gutsausschank zu einem solchen Namen? Silke Acker-Gauers Urgroßvater leistete seinerzeit seinen Wehrdienst in Potsdam ab und nannte sein Gut danach – das ist nun 125 Jahre her. 1914 eröffnete die Familie eine Gaststätte in der Gartenstraße. Peter und Wilma Acker zogen dann 1974 mit ihrer Weinstube in die Berliner Straße um. 1999 übergaben sie den Betrieb an Tochter Silke, die zusammen mit ihrem Mann – Spross eines alteingesessenen Weinguts im alten Ortskern – in die Plattenhohl, wo alljährlich im Juni das Albansfest stattfindet, aussiedelte. Geselligkeit beim Wein hat in dem großen rustikalen Gastraum und auf der Terrasse mit dem schönen Blick auf Rebenmeer und Rheintal das ganze Jahr Konjunktur. Gute Seele des Gutsausschanks und „Empfangschef“ ist der Seniorchef – „de Acker Peter“. Silke Acker-Gauer führt die Küche. Rumpsteak, Schnitzel, Hackbraten und die wöchentlich wechselnden Gerichte sind bei den Gästen des Potsdamer Hofs besonders beliebt. Die Küche bietet das, was man gutbürgerlich nennt. Weinbautechniker Patrick Gauer vergärt die Weißweine des 10-Hektar-Gutes im Edelstahl mit gezügelter Gärführung. Das Ergebnis sind spritzig-fruchtige Rieslinge und Burgunder. Bukettreiche Spezialität ist der Muskateller. Die roten Gauer-Weine sind harmonisch und süffig; sie laden dazu ein, sich ein Gläschen mehr zu genehmigen.

Bewertung:

GESAMT:

Wein:

Speisen:

Ambiente

Weingut Gruber Gutsschänke

In der Hüttstädt 8
55294 Bodenheim
Tel. 06135/2371
www.weingutgruber.com

Öffnungszeiten:
Februar: Sa ab 16, So ab 15;
März bis Ende Oktober: Do – Sa ab 16, So und Fei ab 15 (zum Albansfest am ersten Juni-Wochenende geschlossen),
November: Sa ab 16, So ab 15 Uhr

Parken:
Parkplätze am Weingut

Reservierungen:
ja

Anzahl der Sitzplätze:
drinnen: 50
draußen: 80

Besonderheiten:
- Gästezimmer und Appartements
- Juli: Cooking Unplugged in den Weinbergen
- Mitte August: Hoffest

Mein Tipp:
Tagliatelle mit Walnusspesto, Rucola und Parmesan dazu ein Grauer Burgunder Kabinett trocken

Malerische Blicke auf das Rebenmeer

Mehrmals im Jahr besuchen Steffen Gruber und sein Vater Rolf die Rebstöcke des 16-Hektar-Gutes „persönlich". Es mag das besondere Augenmerk sein, dass die Grubers ihren Weinbergen schenken, es mag die Begeisterung des Winzermeisters Steffen Gruber für seinen Beruf sein, von dem er sagt, es sei „der beste Job der Welt" – jedenfalls ist das Ergebnis im Glas beachtlich. Die Gruber-Weine überzeugen mit einem feinen Säure-Süße-Spiel, prägnanten Fruchtnoten und intensiver „Nase". Selbige ins Glas zu stecken, um die sortentypischen Aromen der auf tiefgründigem Löss-Lehm, Kalk- und Tonböden gereiften Weine zu riechen, vergrößert den Trinkgenuss. Alle Gruber-Weine sind Spontangärer. Die Weißen haben ihre Kinderstube im Edelstahltank, die Roten im Holzfass. Besonders empfehlenswert: die gutseigene Premium-Linie „SG Edition". Am besten lassen sich diese Weine auf der Terrasse der Gutsschänke genießen, wo man einen malerischen Blick auf die Bodenheimer Rebenhänge hat. Gutsschänke und Gästehaus sind das Metier von Beate Gruber, die in der Küche ab und an auch von ihrem Mann Rolf unterstützt wird. „Mein Schwiegervater kocht aus Leidenschaft", sagt Tanja Gruber, Steffens Ehefrau, die sich mit der Schwiegermutter um den Service kümmert. Die Karte bietet Deftiges wie Rumpsteak, Schnitzel, Bauernschmaus oder Kartoffelpizza, aber auch Spezialitäten wie Rheinhessisches Carpaccio oder Handkäsbrot. Wechselnde Wochengerichte und saisonale Speisen ergänzen das Programm.

Bewertung:

GESAMT:

Wein:

Speisen:

Ambiente

Top 10 TIPP

Weingut Welf und Eckhard Listmann
Gutsschänke

Bechtheimer Straße 12
67585 Dorn-Dürkheim
Tel. 06733/1650
www.listmann-wein.de

Öffnungszeiten:
Mitte Mai bis Anfang September:
Fr ab 18, Sa ab 18,
So und Fei ab 15 Uhr

Parken:
direkt am Weingut

Reservierungen:
ja

Anzahl der Sitzplätze:
drinnen: 30
draußen: 50

Besonderheiten:
- barrierefrei
- selbst gebackene Torten und Kuchen
- viktorianischer Garten mit Führungen
- für Kinder Spielecke, Bilderbücher

Mein Tipp:
Flammkuchen „Dolce vita“ mit Tomaten, Rucola, Parmesan und Parma-Schinken dazu ein Merlot blanc de noir trocken

Elegante Weine im Schatten der Sequoias

Vier 30 Jahre alte Mammutbäume säumen den Weg zum Weingut Listmann am südöstlichen Rand des Ortes. Betritt man den Hof, fällt der Blick auf das sternförmige Rondell aus Buchs, das zum viktorianischen Garten gehört, der das Anwesen umgibt. Diplom-Ingenieur Eckhard Listmann hat in Bonn studiert – und sich dort vom Botanische Garten inspirieren lassen. Im Zentrum stand und steht jedoch der Weinbau, der 2003 durch Juniorchef Welf Listmann eine neue Dynamik erhalten hat. Denn unter der Führung des Winzermeisters stiegen die Listmanns in die Flaschenweinerzeugung ein, die nun durch den Bruder, den Weinbautechniker Leif Listmann, weiter an Fahrt gewinnt. Dabei pflegt das Brüderpaar eine klassische Arbeitsteilung: Welf kümmert sich um die Weinberge, Leif um den Weinausbau im Keller. Die weißen Weine des Gutes bestechen durch fruchtige Eleganz, klare Struktur und stabiles Säuregerüst. Riesling und Scheurebe aus alten Reben und Sauvignon blanc zeugen von der Lust und dem Können, herausragende Weine zu erzeugen. Das gilt auch für die Roten. Vor allem für den Spätburgunder aus dem Barrique, der alles hat, was einen Pinot auszeichnet. Wer's spritzig mag, wird bei der Secco-Linie des Gutes, „wild&…" genannt, fündig. Welfs Ehefrau Daniela, die den Service organisiert, Schwester Sina, 2009/2010 Rheinhessische Weinkönigin, und Mutter Marion Ander-Listmann – die gute Seele des Hauses – komplettieren das Team der Gutsschänke. Spezialitäten aus der Küche sind selbst geräucherte Forellen, Flammkuchen. Sonntags wandelt sich die Schänke zum Winzercafé, wenn Marion Ander-Listmann ihre super leckeren, selbst gebackenen Kuchen und Torten serviert.

Bewertung:

GESAMT:

Wein:

Speisen:

Ambiente

„Am Römerberg“ Weingut Walter Strub
Gutsschänke

An der Kirchpforte 10
55270 Engelstadt
Tel. 06130/597
www.weingut-strub.de

Öffnungszeiten:
ganzjährig: Fr und vor einem Feiertag ab 17 Uhr,
Sa ab 16 Uhr,
So und Fei ab 11 Uhr

Parken:
vor dem Haus und angrenzend

Reservierungen:
ja (nur drinnen!)

Anzahl der Sitzplätze:
drinnen: 70
draußen: 80

Besonderheiten:
- Gästezimmer
- kinderfreundlich
- 18 Fahrradstellplätze
- Wildessen im Januar (mit Anmeldung)
- Staats-und Bundesehrenpreise

Mein Tipp:
Argentinisches Rumpsteak mit Kräuterbutter dazu ein Cabernet-Sauvignon Rotwein trocken im Barrique gereift

Kochender Winzer sammelt Edelmetall

Blättert man in der Karte der Gutsschänke „Am Römerberg", sieht man Edelmetall in allen Variationen, denn nahezu sämtliche dort enthaltenen Weine sind mit Gold, Silber und Bronze ausgezeichnet. Einige sogar mehrfach. Winzer Gunther Strub stellt sich dem Wettbewerb – und das mit großem Erfolg. Preise gibt es in steter Regelmäßigkeit nicht nur bei der Prämierung der Landwirtschaftskammer, sondern auch von der Deutschen Landwirtschafts-Gesellschaft (DLG) und der Austrian Wine Challenge (AWC). Eine Rebsorte, der sich Weinbautechniker Strub mit besonderer Hingabe widmet, ist der Chardonnay, den er auch im Barrique ausbaut. Eine Spielart, die nicht jedermanns Sache ist, aber in diesem Fall als äußerst gelungenes Beispiel gelten darf: Dezente Vanille- und Röstaromen paaren sich mit den für den Chardonnay typischen Fruchtnoten. Ein weiteres Augenmerk des Winzers gehört Scheurebe und Sauvignon blanc. Gunther Strubs Rotweine indes haben ein exzellentes, kräftiges Mundgefühl und ausgeprägte Aromen von dunklen Beeren. Man sollte meinen, dass jemand, der solche Weine erzeugt, damit vollends ausgelastet ist. Weit gefehlt. Denn nach dem Motto „Hier kocht der Chef" bereitet der Winzer in der Küche der Gutsschänke nicht nur Handkäs und Co. zu, sondern auch Leckereien wie Fischvariation mit Räucherlachs, -forelle, Matjes und Rollmops, Gulaschsuppe im Brottopf oder argentinisches Rumpsteak. Serviert wird dies von Susanne Strub, die für einen ebenso freundlichen wie aufmerksamen Service sorgt. Übrigens: Das Außengelände mit plätscherndem Bachlauf bietet Kindern reichlich Abwechslung – und Eltern entspannten Weingenuss.

Bewertung:

GESAMT:

Wein:

Speisen:

Ambiente

„Im Kelterhaus" Weingut Hoch-Kraft
Gutsschänke

Schillerstraße 10
55270 Engelstadt
Tel. 06130/1717
www.hoch-kraft.de

Öffnungszeiten:
Mitte Januar bis Ende Mai und Anfang August bis zum 3. Avent: Fr und Sa ab 17,
So und Fei ab 11.30 Uhr

Parken:
Parkplätze sind vorhanden

Reservierungen:
ja

Anzahl der Sitzplätze:
drinnen: 100
draußen: 100

Besonderheiten:
- Hoffest 1. Wochenende im Aug.
- kulinarische Weinproben,
- kinderfreundlich
- Fackelwanderung mit Glühwein im Januar

Mein Tipp:
Schnitzel in Rieslingrahmsauce dazu ein Grauburgunder trocken

„Fromage de tamm tamm“ und rassiger Riesling

Die Gutsschänke im Kelterhaus ist ein Ort gepflegter Gastlichkeit, der mit ausgezeichneten Weinen und einer regional-typischen Küche zu punkten vermag. In der Küche zaubert Hauswirtschaftsmeisterin Kornelia Hoch-Kraft mit frischen Produkten wie Biofleisch aus der Eifel schmackhafte Gerichte. Besonders gern gegessen wird das „Schnitzel nach Art des Hauses“. Als Mitglied der AG Straußwirtschaften beteiligt sich die Küchenchefin auch an der Aktion „Wein trifft ...“ mit saisonalen Spezialitäten. Beim Zusammentreffen der Weine mit Fisch kreiert Kornelia Hoch-Kraft kulinarische Schmankerl wie Forellenmousse mit Pumpernickel oder Lachsfilet auf Blattspinat mit Rieslingsahnesoße. Wer es lieber rustikal mag, der kann etwa den „Fromage de tamm tamm“, wie hier der Handkäse mit Musik genannt wird, wählen. Die Weinerzeugung liegt in den Händen von Weinbautechniker Robert Hoch-Kraft und Christine Gutzler. Die Tochter des Hauses hat familiäre Bande zu einem der renommiertesten rheinhessischen Güter geknüpft, was sie jedoch nicht davon abhält, im elterlichen Betrieb zusammen mit ihrem Vater ausdrucksstarke, größtenteils trockene Weine zu erzeugen. Selektionsweine wie der Riesling „S“ werden spontan vergoren. Doch nicht nur die Spitzen des Sortiments, sondern auch die Gutsweine überzeugen mit sortentypischem Geschmack, ausbalanciertem Süße-Säure-Spiel und schmeckbarer Jahrgangs- und Bodencharakteristik. Die roten Hoch-Kraft-Weine mit ihren weichen Tanninen sind allesamt maischevergoren. Sie reifen mindestens ein Jahr im großen Holzfass, die Barriqueweine sogar über zwanzig Monate.

Bewertung:

GESAMT:

Wein:

Speisen:

Ambiente

´S Trauwemielche Straußwirtschaft

Herrgasse 9
55232 Ensheim
Tel. 06732/7895

Öffnungszeiten:
Anfang März bis Ende April und Anfang November bis letzten Sonntag vor Weihnachten: Sa ab 18 Uhr, So und Fei ab 17 Uhr: Reservierung empfohlen

Parken:
Parkplätze in der Nähe

Reservierungen:
ja

Anzahl der Sitzplätze:
drinnen: 28

Besonderheiten:
- Weinbergsrundgänge und -rundfahrten auf Anfrage
- Weinproben

Mein Tipp:
Winzersteak mit Zwiebel und Bratkartoffeln dazu ein Acolon Rotwein halbtrocken

Ein Stück urwüchsiges Rheinhessen

Wir machen das, was man sonst nicht mehr findet", stellt Karl-Heinz Becker mit Nachdruck fest. Und damit hat er Recht. Denn im „Trauwemielche" besinnen sich Winzer Becker und sein Sohn Matthias auf die traditionelle Weise der Weinbereitung. Edelstahl, gezügelte Gärführung, Barrique und all die anderen Attribute moderner Kellertechnik sucht man im Rosenhof vergebens. Stattdessen lässt man den Weinen Zeit zur Reife, greift möglichst wenig in die Prozesse im Keller ein und legt Wert darauf, dass die Eigenarten von Jahrgang und Rebsorte schmeckbar bleiben. Das Ergebnis sind Weine mit Ecken und Kanten – aber nicht ohne Reiz. Sie sind ein Gegenentwurf zu den zuweilen allzu glatten, konturenlosen Mainstream-Erzeugnissen internationalen Stils. Beim Rotwein setzen die Beckers die Ensheimer Portugieser-Tradition fort. Neben diesem Klassiker stehen Acolon, Regent und Dornfelder auf der Karte der Straußwirtschaft. Ein Jahr lagern die maischevergorenen Roten auf der Flasche, bevor sie in den Verkauf kommen. Geradlinig wie Winzer und Weine ist auch das Ambiente. Die alte Traubenmühle über der Eingangstür gibt der Straußwirtschaft den Namen und ist gleichsam Fingerzeig darauf, was einen im Inneren erwartet: rustikale Gastlichkeit. In der Küche kocht Eleonore Becker für ihre Gäste das, was die Familie auch gerne isst: Schnitzel, Winzersteak, Hähnchen Cordon bleu und Bratwurst. Deftiges aus der kalten Küche wie Bauern- oder Schinkenplatte oder das mit Hausmacher Wurst belegte Feldstück dürfen auf der Karte nicht fehlen. Rheinhessen in seiner urwüchsigen Art.

Bewertung:

GESAMT:

Wein:

Speisen:

Ambiente

Weingut Wagner Straußwirtschaft

Hauptstraße 30
55270 Essenheim
Tel. 06136/87438
www.wagner-wein.de

Öffnungszeiten:
Ende April bis Mitte Juli, Ende August bis Mitte September:
Fr ab 17, Sa ab 17, So und Fei ab 16 Uhr

Parken:
Parkplätze am Ortseingang Richtung Mainz, am Friedhof, Dorfmittelpunkt, Feuerwehrhaus.

Reservierungen:
ja (für 1. Stunde nach Öffnung)

Anzahl der Sitzplätze:
drinnen: 50, draußen: 100

Besonderheiten:
- kulturelle Veranstaltungen
- geführter Weinbergsspaziergang (auf Anfrage)
- Weinprobe mit Krimilesung

Mein Tipp:
Brotzeit mit: Rotweinfiletschinken, Hirschknacker, Rotweinsülze mit grünem Pfeffer, Leberkäse vom Wildschwein und hausgemachtem Rotweinpflaumen-Chutney dazu ein JEAN Spätburgunder, Teufelspfad

Mörderisches Vergnügen mit Riesling und Co.

Wein, Mord und andere Kleinigkeiten verspricht die Winzerfamilie Wagner ihren Gästen auf dem alten Gutshof – zumindest bei den Krimilesungen von Andreas Wagner. Seine Wein-Krimis haben längst ein großes Lese-Publikum über die Grenzen Rheinhessens hinaus gefunden. Zusammen mit seinem Bruder Ulrich, der in Geisenheim Weinbau studierte, führt der Historiker das traditionsreiche Familiengut seit 2002. Ihre Weißen Burgunder und Silvaner vom Kalkalgenriff, rassige Rieslinge und dichte Spätburgunder sowie ausdrucksstarke Cuvées finden national und international viel Beachtung. Dass Tradition und Moderne bei den Wagners gut harmonieren, wird beim Blick auf die Qualitätspyramide deutlich: Gutsweine werden in der „Alten Dame"-Linie abgefüllt, die Spitzengewächse jedes Jahrgangs ziert das Konterfei des Urgroßvaters Jean Wagner. Die Premium-Linie besteht indes aus intensiven Cuvées, die bis zu zwanzig Monaten in kleinen Eichenholzfässern heranreifen. Nicht zu vergessen: die trockene Scheurebe „Alte Reben", die mit ihrer intensiven Aromatik von Cassis, grünem Paprika und frischem Heu als Rheinhessens Antwort auf den Sauvignon blanc-Hype gelten kann. In der Küche der Straußwirtschaft bilden Mutter Christel, gelernte Hauswirtschaftsmeisterin, und der dritte Wagner-Spross Christian ein perfekt eingespieltes Team. Der Mineraloge kocht aus Leidenschaft und kreiert Experimentelles wie „Rheinhessen-Sushi". Ansonsten bestimmen Standards wie Handkäse, Hackbraten oder Vesperteller die Speisekarte, ergänzt durch saisonale Angebote. Im Service komplettieren Vater Rudolf sowie die Winzerfrauen Jessica und Nina den Familienbetrieb.

Bewertung:

GESAMT:

Wein:

Speisen:

Ambiente

Ökologisches Weingut Peter Schmitt und Sohn Gutsschänke

Weedenplatz 1
67592 Flörsheim-Dalsheim
Tel. 06243/8515
www.gutsschaenke-schmitt.de

Öffnungszeiten:
Februar bis Juni,
September bis Weihnachten:
Fr, Sa ab 18 Uhr, So ab 17 Uhr

Parken:
Parkplätze am Haus

Reservierungen:
ja

Anzahl der Sitzplätze:
drinnen: 110
draußen: 100

Besonderheiten:
- Planwagenfahrten mit historischen Traktoren
- Gästezimmer mit zertifiziertem Bio-Frühstücksbuffet
- Wildspezialitäten
- Weinbergsführungen, Picknick im Weinberg
- Saisonal wechselnde Gerichte: „Wein trifft …"

Mein Tipp:
Flörsheimer Weinschnitzel dazu ein Dornfelder Rotwein trocken

Ein Cuvée namens „Kia Ora“

Seit 235 Jahren wird auf dem Weedenborner Hof Weinbau betrieben. Winzermeister Peter Schmitt und Sohn Daniel, ausgebildeter Weinbautechniker, tragen diese Tradition in dem DLG-empfohlenen, ökologisch wirtschaftenden Gut in die Zukunft. Das Ergebnis der Vater-Sohn-Kooperative in Weinberg und Keller: Fruchtbetonte, spontanvergorene Weißweine aus klassischen Rebsorten, die aller Ehren wert sind – insbesondere die Erzeugnisse der Premium-Linie „DS“. Bei den Roten sticht ein Cuvée aus Cabernet Mitos und Merlot namens „Kia Ora“ hervor. Diese Maori-Begrüßung hat Schmitt-Junior von einem önologisch geprägten Neuseeland-Aufenthalt mitgebracht. In der Küche lebt Daniels Mutter Gabi ihre Leidenschaft fürs Kochen aus. „Das Talent wurde mir in die Wiege gelegt“, sagt die gebürtige Fränkin und gelernte Winzerin. Mutter und Großmutter waren schon Köchinnen. Unterstützung erhält Gabi Schmitt von Tochter Diana. Die Küchenmeisterin lernte ihr Handwerk bei Karl-Emil Kuntz in der Krone in Herxheim-Hayna. Die Karte der Gutsschänke spiegelt neben bodenständigen Schnitzelvariationen und den üblichen Basics der Weingastronomie Gabi Schmitts Lust am kulinarischen Experiment wider, wie etwa Ziegenkäseravioli mit Tomaten-Gemüsesalsa und Parmesan belegen. Peter, Daniel und auch Diana Schmitt sind passionierte Jäger und durchstreifen gerne ihr eigenes Revier, weshalb Wildgerichte eine besondere Spezialität des Hauses sind – ein Muss für die Liebhaber von Hirschbraten, Hasenrücken und Co.

Bewertung:

GESAMT: 

Wein: 

Speisen: 

Ambiente 

Gutsausschank Altes Kelterhaus

Gutsschänke

Laurenziberg 6
55435 Gau-Algesheim
Tel. 06725 / 2411
www.weingut-lich.de

Öffnungszeiten:
Fastnacht bis Ende Mai, Oktober bis Totensonntag:
Sa ab 18, So ab 16 Uhr

Parken:
Parkplätze im Hof

Reservierungen:
nein

Anzahl der Sitzplätze:
drinnen: 100
draußen: 60

Besonderheiten:
- kulturelle Veranstaltungen im Sommer
- Laurenzifest im August
- Weinbergsrundgänge, -fahrten
- Wei(h)nacht Ende November
- Gästezimmer

Mein Tipp:
Leberwurst-Potpourrie dazu ein Grauer Burgunder Spätlese trocken

Frische Weine und ein altes Hausrezept

Im idyllisch gelegenen Gau-Algesheimer Stadtteil Laurenziberg betreiben Winzer Peter Lich, seine Frau Ursula und die Töchter Sandra, Kathrin und Nadine eine traditionelle Gutsschänke in dem ehemaligen Kelterhaus des Gutes, das zu zwei rustikalen Gaststuben umgebaut wurde. In der Küche bereiten Ursula und Sandra Lich regionaltypische Speisen zu, wobei sie auch die altbekannte Weisheit, dass das Auge mitisst, beherzigen. Reich garniert ist etwa die Schinkenplatte. Deftig die Fleischgerichte wie Tatar oder Zwiebelschnitzel aus eigener Schlachtung, für die Schwiegersohn Matthias Hellmeister, von Beruf Metzger, den Rohstoff liefert. Aber auch für jene, die es lieber fleischlos mögen, gibt es eine besondere Kreation: veganes Schmalz – und das schmeckt ultralecker! Weinbautechniker Peter Lich erntet seine besten Weine in den Südhanglagen St. Laurenzikapelle und Rothenberg. Im Ausbau legt er Wert darauf, dass die Weißen fruchtig-frisch und mit Gärungskohlensäure ausgestattet, in die Flasche und auf den Tisch der Schänke kommen. Neben weißen und roten Rebsortenklassikern findet sich auch Exotisches, wie der restsüße Schönburger oder der trockene rote Acolon aus dem Holzfass im Rebsortiment. Die Getränkekarte hält überdies ein Schmankerl bereit, das man in einer Gutsschänke eher nicht erwarten würde: Nach einem alten, wohlgehüteten Hausrezept der Familie macht Ursula Lich Eierlikör. Für Liebhaber süßer Verführungen ein absolutes Muss.

Bewertung:

GESAMT: 

Wein: 

Speisen: 

Ambiente 

Weingut Sterk „Zum alten Kornspeicher“

Gutsschänke

Laurenzibergg 32
55345 Gau-Algesheim
Telefon: 06725/6350
www.im-alten-kornspeicher.de

Öffnungszeiten:
Mitte März bis Mitte November:
Sa ab 17 Uhr, So ab 16 Uhr

Parken:
auf dem Grundstück

Reservierungen:
ja

Anzahl der Sitzplätze:
drinnen: 60
draußen: 80

Besonderheiten:
- Weinkarussell mit fünf 0,1 Liter-Proben
- kinderfreundliches Angebot
- hausgemachte Wildspezialitäten
- Haus des besten Schoppens

Mein Tipp:
Wildsülze mit Bratkartoffeln dazu ein Riesling trocken

Ein Paradies mit Selbstbedienung

Es ist ein kleines Paradies, das sich die Familie Sterk da auf dem Laurenziberg geschaffen hat. Ihre Gutsschänke „Zum alten Kornspeicher" hat Geschichte, denn hier in dem 1770 errichteten Gebäude, wo sich heute die Gäste von Elke und Markus Sterk verwöhnen lassen, lagerte einst das Korn. Anfang der Achtzigerjahre wurde das Obergeschoss zu Gasträumen umgebaut. Paradiesisch ist es im Sommer, wenn der Garten bewirtschaftet wird. Dann stehen hier Bank- und Tisch-Garnituren, wie man sie aus bayerischen Biergärten kennt. Und genau diesem Prinzip folgt der Betrieb: Getränke besorgt man sich an einer kleinen Holzbude selbst. Dort bestellt man auch das Essen – und holt es, wenn Elke Sterk den Namen des jeweiligen Gastes ruft, direkt in der Küche ab. Diese rustikale Verfahrensweise findet großen Anklang. Zu den Genüssen aus Küche und Keller gibt es traumhafte Ausblicke ins Rheintal, auf Taunus und den Rheingau gratis. Kinder können auf der angrenzenden Wiese nach Herzenslust herumtollen. Auf der Karte finden sich Spezialitäten wie der Matzeberger Spezi – ein pikant zubereiteter Handkäse auf Bauernbrot –, Pflaumen-Apfel-Schmalz oder Schnitzelvariationen mit hausgemachten Soßen. Besonders empfehlenswert: die Wildgerichte, deren „Rohstoff" von Jäger Markus Sterk erlegt wird. Seine weißen Weine erzeugt Sterk selbst, die roten erhält er von seinem Winzerkollegen Michael Pfeiffer aus Gau-Algesheim. In den teilweise über vierzig Jahre alten Weinbergen des Gutes reifen Riesling-, Burgunder- und Silvanertrauben, die Markus Sterk zu fruchtig-reintönigen Weinen ausbaut.

Bewertung:

GESAMT:

Wein:

Speisen:

Ambiente

Marlenes Gutsschänke Weingut Pfennig

Gutsschänke

Wallertheimer Straße 19
55599 Gau-Bickelheim
Tel. 06701/7428
www.weingut-pfennig.de

Öffnungszeiten:
Anfang März bis Mitte Dezember: Do ab 18, Fr ab 18, Sa ab 17, So und Fei ab 16 Uhr

Parken:
vor der Gutsschänke, am Friedhof (50 Meter entfernt)

Reservierungen:
ja

Anzahl der Sitzplätze:
drinnen: 40
draußen: 40

Besonderheiten:
- Planwagenfahrt
- Weinproben
- Wißberghäuschen mit Terrasse

Mein Tipp:
Gebackener Ziegenkäse im Sesammantel auf buntem Salat mit Knoblauchbrot dazu ein Chardonnay trocken

Stammgäste genießen „Emotion“ im Glas

Wer einmal in Marlenes Gutsschänke im Weingut Pfennig war, kommt gerne wieder. „Wir haben 99 Prozent Stammgäste“, freut sich die Wirtin der Schänke, die mit Schwiegertochter Melanie Pfennig ihre Gäste aufmerksam umsorgt. Im Sommer spielt sich das Geschehen im Hof mit seinem südländischem Flair, bei kühler Witterung und ab Herbst in dem neu gestalteten Gastraum ab. Drinnen wie draußen erfreuen sich die Angebote der gut bestückten Wein- und Speisekarte regen Zuspruchs. Ob Rheinhessische Grumbeersuppe mit gerösteten Brotwürfeln, überbackene Silvanerkraut-Schnitte, Potpourri von dreierlei Weichkäse, Himmel und Erde oder Hähnchenbrustfilet – die Küche offeriert allerlei Köstlichkeiten. Nicht zu vergessen: die „Gequellde“, die es in mehreren Variationen gibt. Für Abwechslung sorgen obendrein die Tagesempfehlungen. Die Weine des Gutes werden von Winzermeister Marco Pfennig erzeugt. Sein Vater Hans-Paul Pfennig kümmert sich um die Weinberge in den Lagen Wissberg, Kapelle, Saukopf und Bockshaut. Die Weißweine sind geprägt von saftiger Frucht und Spritzigkeit. Voluminös, ausbalanciert und mit Länge im Abgang bescheren die Weine der mit „Emotion“ übertitelten Premium-Linie der Pfennigs besondere Genüsse. Die roten Weine werden im Holzfass und im Edelstahl ausgebaut. Samtig und mit feinen Beerenaromen erweisen sich Spätburgunder, Saint Laurent, Dornfelder und Portugieser als unkomplizierte Begleiter zu Speisen und angeregten Unterhaltungen. Die Freunde gelungener Verschnitte werden vom trockenen Cuvée Pfennig beeindruckt sein: Im Eichenfass herangereift, hat es weiche Tannine und ausgeprägte, würzige Fruchtnoten.

Bewertung:

GESAMT:

Wein:

Speisen:

Ambiente

Winzerhof Alfons Schnabel **Gutsschänke**

Bahnhofstraße 31
55599 Gau-Bickelheim
Tel. 06701/7582
www.winzerhof-schnabel.de

Öffnungszeiten:
April und Mai, September und Oktober: Fr und Sa ab 18 Uhr

Parken:
in unmittelbarer Nähe

Reservierungen:
ja

Anzahl der Sitzplätze:
drinnen: 85
draußen: 38

Besonderheiten:
- wechselndes Wochengericht
- Weinproben
- Planwagenfahrten
- Gästehaus
- kinderfreundliches Angebot

Mein Tipp:
Gegrillte Hähnchenbrust in Calvadosrahmsoße dazu ein Riesling S trocken

Schmeckbares Terroir am Fuße des Wißbergs

Durch den Fassboden an der Tür geht es hinein ins Weinvergnügen der Gutsschänke im Schatten des Wißbergs. Im Sommer begrüßen die Schnabels ihre Gäste in der rebenumrankten, weitläufigen Hofreite, in der Kinder herrlich herumtollen können. Innen bieten Weinstube und ehemaliges Kelterhaus mit Blick in den Holzfasskeller gemütliche Gastlichkeit. Bei den Schnabels arbeiten zwei Generationen Hand in Hand: Den Eltern Alfons und Martina stehen Sohn Christoph und Schwiegertochter Corinna zur Seite. Alfons und Christoph erledigen gemeinsam die Arbeiten in den Weinbergen, wobei Alfons' Steckenpferd die Aufzucht der neuen Rebanlagen ist. Christoph ist der Kellermeister und für die Abfüllung der Weine zuständig. Martina und Corinna arbeiten gemeinsam im Büro, Verkauf und Gästehaus. Und alle Schnabels zusammen in der Gutsschänke. Die Schnabel-Weine sind von der Bodenvielfalt geprägt. Vor allem die Schnabel-Weine aus den Toplagen Saukopf und Kapelle am Südhang des Wissbergs besitzen eine prägnante Mineralität – und machen den Weingenuss so zu einem nachhaltigen Terroir-Erlebnis. Gutes Beispiel dafür: das in der Exklusivlinie Christoph erzeugte Cuvée Kalkstein. Die roten Weine sind allesamt auf der Maische vergoren und in Holzfass und Barrique ausgebaut. In der Küche bereitet Martina Schnabel mit ihrem Team Deftiges zu. Neben den Standards wie Hackbraten mit Weinbrandsoße, Winzersteak oder Hähnchenbrust in Calvados-Sahne-Soße bietet die Küchenchefin zu jedem Wochenende wechselnde Gerichte an.

Bewertung:

GESAMT:

Wein:

Speisen:

Ambiente

Hupperts Gud Stubb
Gutsschänke

Wormser Straße 7
67598 Gundersheim
Tel. 06244/57326

Öffnungszeiten:
Mi, Do, Fr, Sa ab 18,
So und Fei 11.30 bis 14 und ab 17 Uhr

Parken:
Parkplätze in den angrenzenden Straßen

Reservierungen:
ja

Anzahl der Sitzplätze:
drinnen: 42
draußen: 30

Besonderheiten:
- Hoffest am vorletzten Wochen ende im August
- Wohnmobil-Wingert mit Standplätzen für 12 Wohnmobile (mit Stromanschluss)

Mein Tipp:
Schweinelende Winzer Art dazu ein Grüner Silvaner trocken

Wo die Hölle brennt stilvoll genießen

„Wo die Liebe den Tisch deckt, schmeckt es am besten." Diesen Wahlspruch setzen Andreas und Kerstin Huppert mit Pächer Andreas Löwenstein in ihrer „Gud Stubb" in die Tat um. Liebevoll eingerichtet der Raum, liebevoll zubereitet das Essen und mit viel Liebe zum Produkt erzeugt die Weine. Betritt man die Gasträume bleibt der Blick an allerlei Zeugnissen aus der Vergangenheit hängen. Der Vergangenheit einer Gaststätte, die es einst im Ort gab und deren Einrichtung die Hupperts übernommen haben. Und so hängen von Leitern an der Decke Küchengerätschaften und alte Weingläser herab. Auch die Wände sind mit Hausrat aus längst vergangenen Tagen dekoriert. Die „Gud Stubb" wurde in rheinhessischen Familien früher nur sonntags betreten. Bei den Hupperts sind die Gäste auch unter der Woche willkommen. Die Speisekarte ist reichhaltig bestückt mit Standards wie Schnitzel, Rumpsteak oder Hausmacher Wurstplatte. Aber es gibt auch ausgefallene Gerichte wie den Salatteller mit Halloumi, einem zypriotischen Grillkäse, oder den Rheinhessen-Teller mit Leberknödel, Bratwurst, Saumagen und Rieslingkraut. Gundersheim ist in Rheinhessen neben Ingelheim ein Ort mit reicher Rotweintradition. Weinbautechniker Huppert erntet am berühmten Höllenbrand und im nicht minder renommierten Morstein im benachbarten Westhofen weiße und rote Trauben, aus denen er exzellente Weine erzeugt. Von ungeheurer Dichte und Glut sind die gehaltvollen Roten wie Lemberger, Selektions-Portugieser. Weine, die die Gundersheimer Rotwein-Tradition bestens repräsentieren. Kernig mit eingebundener Säure und prägnanten Fruchtaromen die Weißen.

Bewertung:

GESAMT:

Wein:

Speisen:

Ambiente

Reblausstube Janß Gutsschänke

Eimsheimer Straße 54
67583 Guntersblum
Tel. 06249/670547 und 7390
www.weingutjanss.de

Öffnungszeiten:
Do, Fr, Sa ab 18 Uhr,
So und Fei ab 12 Uhr

Parken:
Parkplätze sind vorhanden.

Reservierungen:
ja

Anzahl der Sitzplätze:
drinnen: 50
draußen: 50

Besonderheiten:
- Weinbergsrundgänge (auf Anfrage)
- Hoffest im Juni
- kinderfreundliches Angebot
- tolle Aussicht ins Rheintal und zum Odenwald

Mein Tipp:
Bressaola-Schinken mit Salat der Saison und Antipasti dazu ein Cuvée LiebFrauMilch

Panorama-Blick ins Rheintal

1702 gründeten Johann Heinrich Janß und seine Frau Anna den landwirtschaftlichen Betrieb, der heute in der zwölften Generation von Wolfgang und Petra Janß als reines Weingut geführt wird. Ökologie und Önologie reichen einander die Hand und finden ihren Niederschlag in ausdrucksstarken Weinen. Wolfgang Janß' Rotweine reifen ein Jahr im Fass, bevor sie abgefüllt werden. Bei den Weißen hat Winzer Wolfgang Janß neben den klassischen Rebsorten auch den in Rheinhessen eher seltenen Grünen Veltliner als trockenen Lagenwein im Sortiment. Mit der Triologie Rosé – einem lachsfarbenen Cuvée aus Spätburgunder, Cabernet Sauvignon und Merlot – ist Wolfgang Janß ein idealer Sommerwein gelungen, der trotz seiner Leichtigkeit mit kraftvollem Geschmack besticht und nicht nur die Jury bei Wettbewerben wie Mundus Vini oder AWC überzeugte, sondern auch von der Bild am Sonntag einem großen Lesepublikum empfohlen wurde. Am besten genießt man diesen – und die anderen Janß-Weine – auf der Terrasse der Reblausstube. Hier eröffnet sich ein malerischer Panoramablick ins Rheintal und auf den Odenwald. Und man erkennt schnell, warum das Gut „Rheinterrassenhof" heißt. Die Küche der Gutsschänke wird von Elfriede Janß geführt; ihr Mann Walter kümmert sich im Service um den Kontakt zu den Gästen. Die Karte mit allerlei Schnitzel-, Rumpsteak- und Filetvariationen bietet Bodenständiges und saisonal wechselnde Spezialitäten. Eine eigene Kinder-Karte deutet darauf hin, dass der Nachwuchs hier willkommen ist. Kinder können auf dem weitläufigen Anwesen herumtollen, während sich die Erwachsenen Riesling und Co. widmen.

Bewertung:

GESAMT: 

Wein: 

Speisen: 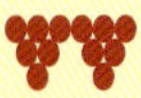

Ambiente 

Christanshof Gutsschänke am Selzbogen

Christianshof
55278 Hahnheim
Tel. 06737/760892
www.Christianshof.de

Öffnungszeiten:
Di bis Fr ab 18, Sa, So und Fei ab 16 Uhr, Mo geschlossen

Parken:
direkt am Hof

Reservierungen:
ja

Anzahl der Sitzplätze:
drinnen: 82
draußen: 120

Besonderheiten:
- Swingolf-Parcours
- Gästezimmer
- Weinbergsrundfahrten
- Grillen im Park (f. Gruppen auf Vorbestellung)
- kulturelle Veranstaltungen im Park
- kinderfreundlich

Mein Tipp:
Liebings Knechtteller (Gebratene Blutwurstscheiben mit Spiegelei auf Bratkartoffeln) dazu ein „Hol emol ruff" (Liebing hieß der letzte Knecht mit Nachnamen)

In der Küche schlägt rheinhessisches Herz

Um Ideen sind die Binzels nicht verlegen, um den Gästen den Aufenthalt auf ihrem Christianshof am Selzbogen zwischen Hahnheim und Selzen so angenehm und kurzweilig wie möglich zu gestalten. Ob nun mit einer Partie Swingolf im Freien, Theater im hauseigenen Park oder einer ebenso pfiffigen wie bodenständigen Küche. Und in der schlägt das rheinhessische Herz Birgit Binzels, die mit „Plugschlaaf", „Bratwurstschnitzel" und „Geklepperte" die schmackhafte regionale Küche ebenso gekonnt beherrscht wie eine abwechslungsreiche Karte mit wöchentlich wechselnden Menüs und Gerichten. Wild, Fisch und Geflügel sind darauf ebenso enthalten wie knackige Salate und Flammkuchen. Einer der „Renner" der Karte ist eine auf den ersten Blick eher triviale Speise: hausgemachte Pommes frites. Wer sie jedoch einmal gegessen hat, der weiß, warum die Nachfrage nicht nur bei jungen Gästen ungebrochen ist. Das gilt übrigens auch für eine zweite, für eine Gutsschänke ungewöhnliche Spezialität des Hauses: Hamburger. Die gibt es allerdings nur in bestimmten Wochen. Winzermeister Manfred Binzel und seine Söhne Christian und Daniel widmen sich der Erzeugung von schnörkellosen Weiß- und Rotweinen, wobei die klassischen Rebsorten das Sortiment dominieren. „Hol e mol ruff" heißt der „Türöffner" der Weinkarte – ein süffiger Müller-Thurgau, der Lust macht auf mehr. Daniel Binzel, der sich umsichtig um den aufmerksamen Service kümmert, sorgt dafür, dass der Besucher im gemütlichen Ambiente der Gutsschänke das kann, was bei den Binzels Programm ist: in Ruhe genießen.

Bewertung:

GESAMT:

Wein:

Speisen:

Ambiente

Steigerhof Harxheim Gutsschänke

Steigerhof / L 425
55296 Harxheim
Tel. 06138/6841
www.steigerhof-harxheim.de

Öffnungszeiten:
April bis Juni, September:
Mo, Do, Fr ab 18 Uhr, Sa ab 17 Uhr, So und Fei ab 17 Uhr

Parken:
im Hof

Reservierungen:
ja

Anzahl der Sitzplätze:
drinnen: 65
draußen: 50

Besonderheiten:
- Jahrgangspräsentationen im Mai und November
- Hoffest am vorletzten Wochenende im Juli
- Dachterrasse mit Blick bis zum Taunus

Mein Tipp:
Hausgebeizter Lachs an Kartoffelpuffer und Honig-Senf Dip mit einem Cabernet Sauvignon Blanc de Noir

Ausgezeichnete Weine in stilvollem Ambiente

Direkt an der Rheinhessenstraße zwischen Gau-Bischofsheim gelegen, präsentiert sich die Gutsschänke des Weinguts Steigerhof als Ort gepflegter Gastlichkeit mit stilvollem Ambiente. Winzermeister Albert Ackermann und seine Tochter Jennifer (Rheinhessische Weinprinzessin 2010), angehende Winzermeisterin, erzeugen aus den im Harxheimer Börnchen, Lieth und Schlossberg gewachsenen Trauben im Wortsinn ausgezeichnete Weine: filigrane und mineralische Rieslinge und Silvaner, deren Reben im lockeren Lössboden wurzeln, komplexe, dichte Burgunder, die auf tiefgründigen Lehmböden wachsen. Die weißen Ackermann-Weine entwickeln durch das ausbalancierte Süße-Säure-Verhältnis, gepaart mit sortentypischer Frucht, ein sehr gutes Mundgefühl. Die Rotweine des 20-Hektar-Gutes sind stoffig, dicht und von den Aromen dunkler Beeren geprägt, wie etwa der kraftvolle Cabernet Mitos. Zu den weißen und roten Gewächsen gibt es aus der Küche der Gutsschänke kulinarische Schmankerl wie Maispoulardenbrust und Bratgemüse auf Chardonnay-Risotto oder überbackenen Ziegenkäse mit Ahornsirup auf Portwein-Birnen und eingelegten Artischocken. Wer's lieber deftig mag, auf den warten Spunde-, Handkäs oder Steigerhofplatte mit Hausmacher Wurst, österreichischem Bergkäse und Schwarzwälder Schinken. Und als süßes Finale stehen wechselnde Desserts wie etwa ein halbflüssiges Schokoladentörtchen an Vanilleeis bereit. Eine Wochenkarte und saisonal wechselnde Gericht ergänzen das Angebot.

Bewertung:

GESAMT:

Wein:

Speisen:

Ambiente

Weingut Reßler **Gutsschänke**

Obergasse 21
55296 Harxheim
Tel. 06138/7155
www.weingut-ressler.de

Öffnungszeiten:
ganzjährig, außer drei Wochen im Januar und zwei Wochen in den Sommerferien:
Fr ab 18 Uhr, Sa und So ab 17 Uhr

Parken:
hinter dem Haus: 1. rechts, 1. rechts ab

Reservierungen:
ja

Anzahl der Sitzplätze:
drinnen: 130
draußen: 50

Besonderheiten:
- „Haus der Besten Schoppen" seit 2009
- „Wein trifft ... - Aktionen"
- 5-Sterne-Gästehaus
- geschlossene Gesellschaften sind möglich

Mein Tipp:
Rumpsteak „Pikant" mit Preisel-beermeerrettich dazu ein St. Laurent trocken

Freundlicher Service in alter Scheune

Als Friedrich und Rosemarie Reßler 1981 in den ehemaligen Stallungen eine Straußwirtschaft einrichteten, fingen sie mit 25 Sitzplätzen an. Acht Jahre später bauten sie das geräumige Dachgeschoss der alten Scheune mit nunmehr 130 Plätzen aus. „Wir wollten anfangs eigentlich nur Gesellschaften machen", schmunzelt Rosemarie Reßler, doch über die Jahre ist eine Gutsschänke gewachsen, die zu den festen Größen des Genres in Rheinhessen zählt. In dem gemütlichen Ambiente mit der Holzbalken-Optik fühlen sich die Besucher wohl. Dazu tragen Rosemarie Reßler und ihre Schwiegertochter Tanja aktiv bei, denn sie sorgen mit einem ebenso umsichtigen wie ausgesprochen freundlichen Service dafür, dass es den Gästen an nichts fehlt. Eine vielseitige Speisekarte bedient die verschiedensten Geschmacksrichtungen. Hausgemachte Sülze und Rumpsteak pikant mit Preiselbeeren und Meerrettich zählen zu den Spezialitäten des Hauses. Neben der Stammkarte gibt es wechselnde Wochengerichte. Saisonales wie Spargel, Kürbis oder Wild runden den kulinarischen Fahrplan ab. Die Weine des Gutes werden von Friedrich Reßler und seinem Sohn Sven erzeugt. Die kaltvergorenen Weißen – bei denen die Burgunder-Sorten dominieren – sind fruchtig-frisch; wer's restsüß mag, sollte Lenas Tröpfchen – einen nach Sven und Tanja Reßlers Tochter benannten Gewürztraminer – probieren. Die Rotweine des Gutes sind alle maischevergoren. Wer nach Genuss von Wein und Speisen die nötige Bettschwere hat, kann einen anderen Service der Reßlers nutzen: Rheinhessens erstes Fünf-Sterne-Gästehaus.

Bewertung:

GESAMT:

Wein:

Speisen:

Ambiente

TOP 10 TIPP

Weingut Huster Straußwirtschaft

Rosenstraße 13
55218 Ingelheim-Großwinternheim
Tel. 06130/944114
www.weingut-huster.de

Öffnungszeiten:
Ende April bis Mitte Juni: Do ab 18, Fr + Sa ab 17, So + Fei ab 11 Uhr
Mitte Oktober bis Ende November: Do ab 18, Fr + Sa ab 17, So + Fei ab 15 Uhr

Parken:
am Sportplatz (ca. 300 Meter) und in den angrenzenden Straßen

Reservierungen:
ja

Anzahl der Sitzplätze:
drinnen: 80
draußen: 70

Besonderheiten:
- Hoffest Mitte August
- barrierefrei
- Behindertentoilette
- Wickeltisch

Mein Tipp:
Dinkelpfannkuchen mit Gemüsefüllung dazu ein Riesling Classic

Außergewöhnliche Angebote aus Küche und Keller

Arbeitet Jutta Huster in den Weinbergen des Öko-Weingutes, dann hat sie Zeit zum Nachdenken. Dabei sinniert sie über neue Gerichte für die Straußwirtschaft. Ihre gedanklichen Kreationen setzt sie mit frischen Produkten, die sie überwiegend bei Bio-Bauern aus der Region einkauft, um. Ihr Mann Raimund und Sohn Tobias sind „Testesser". Im Frühjahr wird die Karte von Spargelgerichten wie Spargelsalat mit Räucherlachs und einer pikanten Meerrettichsauce oder Grünspargel mit überbackenen Schinken-Mozarella-Päckchen und geschmolzenen Kirschtomaten dominiert. Daneben gibt es Leckereien wie gratinierte Blutwursttürmchen mit Ziegenkäse, Dinkelpfannkuchen oder Buchweizenrisotto. Im Herbst stehen Gerichte mit Kürbis, Wirsing, Maronen, Wild oder Semmelknödel mit Pilzen auf der Karte. „Ich koche das, was mir selbst schmeckt. Gerne verwende ich dabei auch Wildkräuter", beschreibt Jutta Huster die Basis einer in puncto Qualität und Zusammenstellung wirklich außergewöhnlichen Straußwirtschaftsküche. Raimund Huster achtet bei der Bewirtschaftung der Weinberge darauf, dass die Erträge nicht zu hoch werden. Eine selektionierte Handlese ist ein weiterer Baustein der Qualitätssicherung. Im Keller veredelt Weinbauingenieur Tobias Huster das Lesegut. Die weißen Weine lagern lange auf der Feinhefe. Sie sind filigran und dennoch ausdrucksstark. Die roten vergären auf der Maische und kommen danach ins Holzfass, wo sie genügend Zeit zur Reife erhalten, wie etwa das betörend aromatisch-stoffige „Cuvée No.2" aus der Premium-Linie. Aber auch die einfachen Gutsweine bieten nachhaltigen Weingenuss ohne Reue.

Bewertung:

GESAMT:

Wein:

Speisen:

Ambiente

Top 10 TIPP

Gutsausschank „Zum Kuhstall"
Weingut Bettenheimer **Gutsschänke**

Stiegelgasse 32
55218 Ingelheim
Tel. 06132/3041
www.bettenheimer.de

Öffnungszeiten:
Mitte Februar bis Mitte Juli, Ende August bis Anfang Dezember: Do, Fr und Sa ab 18, So und Fei ab 15.30 Uhr

Parken:
in der Stiegelgasse sowie an der Burgkirche (150 Meter entfernt)

Reservierungen:
ja

Anzahl der Sitzplätze:
drinnen: 52
draußen: 65

Besonderheiten:
- barrierefrei im Unterschoss
- Schallschutz im Gewölbe
- Hoffest Mitte Juli
- kinderfreundlich
- Gästezimmer

Mein Tipp:
Kuhstall-Spieß (Schweinemedaillon mit Schalotten, Zucchini, Cocktailtomaten und La-Ratte-Kartoffeln in Pergamentpapier mit einer Kugel Kräuterdipp an Salatbett) dazu ein Sylvaner trocken Selection Rheinhessen

Beeindruckende Weine und „neimodische Minkelcher“

Jens Bettenheimer hat eine klare Qualitätsphilosophie. Die beginnt beim unkomplizierten Trinkgenuss in der Literklasse, geht über rebsortentypische Erzeugnisse bei den Gutsweinen und handgeernteten Trauben von ausgesuchten Böden bei den Ortsweinen bis hin zu den Lagenweinen, wo alte Reben die Grundlage für nachhaltige Spitzenprodukte schaffen. Die Vielschichtigkeit der Bettenheimer-Weine wird am deutlichsten bei einem Quervergleich von Silvaner, Riesling, Grau-, Spät- oder Frühburgunder in den verschiedenen Kategorien der Qualitätspyramide, die an die des Verbandes Deutscher Prädikats- und Qualitätsweingüter (VDP) angelehnt ist. Mit feinem Gespür erzeugt Weinbauingenieur Jens Bettenheimer facettenreiche Weine, die nicht nur in der Spitze beeindrucken. Die Roten reifen nach der Maischegärung im 300 Jahre alten Fasskeller des Gutes in großen Eichenholzfässern oder im Barrique heran. Die saftig-rassigen Weißen sind von sortentypischer Aromatik geprägt. Zu den Weinen gesellt sich im Gutsausschank „Zum Kuhstall“ eine variantenreiche Vielfalt an Speisen. „Ich koche gerne mit Kräutern“, sagt Petra Bettenheimer, Schwester des Weinmachers, die die Gastronomie des Gutes leitet. Originelle Gerichte wie das Raclette für eine Person, die grobe Bratwurst vom schwarzen Schwein oder Handkäs’ mit leiser Musik wechseln mit Standards à la Flammkuchen oder Schnitzel sowie knackigen Salaten. Freitags ist Steaktag. Gut angenommen werden in der gemütlichen Atmosphäre des Kreuzgewölbes, auf der Sonnenterrasse und im mediterran gestalteten Heuspeicher die „Neimodische Munkelcher“, die jeweils donnerstags gereicht werden.

Bewertung:

GESAMT:

Wein:

Speisen:

Ambiente

Straußwirtschaft am Römer Weingut Hammen **Straußwirtschaft**

Am Römer 2
55278 Köngernheim
Tel. 06737/250
www.weingut-hammen.de

Öffnungszeiten:
April, Mai, Oktober, November, außerdem Kerb, Nachkerb im April: Fr, Sa ab 18, So + Fei ab 16 Uhr

Parken:
Dorfplatz (ca. 50 Meter entfernt) sowie in angrenzenden Straßen

Reservierungen:
nein

Anzahl der Sitzplätze:
drinnen: 95
draußen: 35

Besonderheiten:
- kulinarische und Themen-Weinproben, Mundartabende
- Weinbergsrundfahrten
- Mai bis August: jeden letzten Dienstag im Monat „Dämmer schoppe" im Weingut

Mein Tipp:
Handkästatar dazu ein Cuvée „Sellemols"

Wo der Primeur Frühling ins Glas zaubert

„Wer zu uns will, muss pünktlich sein“, lacht Peter Hammen. Denn Reservierungen gibt es in der Straußwirtschaft am Römer nicht – und selbst 100 Plätze sind manchmal schnell belegt. 1988 sperrten Andrea und Peter Hammen erstmals die Tür zu ihrer Straußwirtschaft auf, nachdem zur Kerb im Vorjahr ein erfolgreicher „Versuchsballon“ gestartet wurde. Längst lockt das rustikale Ambiente nicht nur Einheimische an. Den Wein des Gutes erzeugt Peter Hammen seit 2004 zusammen mit Tochter Kathrin, wobei die Hammen-Weine mittlerweile die Handschrift der einstigen Rheinhessischen Weinkönigin und gelernten Weinbautechnikerin tragen. Sie liebt die Vielfalt und experimentiert gerne, legt den Chardonnay schon mal ins Barrique oder erzeugt aus dem Huxel einen leckeren Balsamico, der als Dressing die knackigen Salate der Straußwirtschaft verfeinert. Weiße Hammen-Weine sind fruchtig-frisch; auch die Roten reifen zunächst im Edelstahl, werden aber auch vom Holz „geküsst“ und erhalten so dezente Barrique-Noten. Besonders empfehlenswert sind die Weine der Premium-Linie „Faszination“, allesamt ertragsreduziert geerntet und von feinen Fruchtaromen geprägt. Eine Hammen-Spezialität ist zudem der kurz nach der Ernte gefüllte „Rivaner-Primeur“ – eine wahre „Fruchtbombe“, die in grauen November-Tagen den Frühling ins Glas zaubert. Die von Andrea Hammen mit ihrem Team geführte Küche bietet den Gästen regionaltypische Gerichte. „Renner“ sind „Wingertsknorze“ und „Reblaus-Toast“. Saisonal wechselnde Gerichte und „Rheinhessische Tapas“ komplettieren das Angebot.

Bewertung:

GESAMT:

Wein:

Speisen:

Ambiente

Lörzweiler Woistubb Gutsschänke

Rheinstraße 2
55296 Lörzweiler
Tel. 06138/902970
www.weingut-scheidemantel.de

Öffnungszeiten:
ganzjährig: Di bis Fr ab 16.30 Uhr
So und Fei ab 15 Uhr,
Mo Ruhetag

Parken:
im Hof und in den angrenzenden Straßen sowie am Friedhof (ca. 200 Meter entfernt)

Reservierungen:
ja

Anzahl der Sitzplätze:
drinnen: 90
draußen: 54

Besonderheiten:
- Weinsensorikkurse

Mein Tipp:
Schweinlendchen mit Champignonsahnesoße und Bergkäse überbacken dazu ein Silvaner Classic

Omas „Ribbelkuche“ und alte Kirchenbänke

Sonntags in der Lörzweiler Woistubb: Man sitzt in dem urigen Raum im Erdgeschoss in 200 Jahre alten Kirchenbänken, vor einem: dampfender Kaffee und Omas frisch gebackener „Ribbelkuche“. Beim Betreten der „Woistubb“ fällt der Blick auf die ehemalige Kircheneingangstür und die alte Orgel, die zur Theke umgebaut wurde. Auch der geräumige Gastraum im ersten Stock der ehemaligen Scheune aus dem 18. Jahrhundert ist mit einem Wort treffend beschrieben: urgemütlich. Draußen im Hof stärkt sich eine Gruppe Wanderer mit Köstlichkeiten wie Handkästartar, Maultaschen mit Rührei, Schweinelendchen oder Gorgonzola-Tagliatelle mit Räucherlachsstreifen. Wer's deftig mag, bestellt „em Maschder sei Nachtesse aus de Pann“ (Maultaschen, Schinken, Blutwurst, Rührei mit Bratkartoffeln). In der Küche lässt Karin Scheidemantel ihrem Ideenreichtum als Köchin freien Lauf, wenn sie nicht gerade gegenüber in St. Michael einer anderen kreativen Ader frönt: dem Orgelspiel. Für Weinberge und Keller ist Karins Sohn David Scheidemantel zuständig. Die Weißweine des Winzermeisters bekommen Zeit, unter Verwendung spezieller Hefen im Edelstahl ganz langsam zu gären. Denn dem Weinmacher ist es wichtig, dass seine Erzeugnisse ausgeprägte Fruchtaromen haben. Er mag die harmonisch-trockene „Classic“-Linie, bei der Riesling, Burgunder und Co. ruhig ein restsüßes „Schwänzchen“ haben dürfen. Seine Roten vergären alle auf der Maische und liegen dann im großen Holz oder im Barrique und sind durch feine Vanille- und Röstnoten und Aromen von dunklen Beeren gekennzeichnet.

Bewertung:

GESAMT: 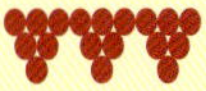

Wein: 

Speisen: 

Ambiente 

WeinHaus Weißbach **Straußwirtschaft**

Am Michelsberg 18
67582 Mettenheim
Tel. 06242/915151
www.weinhaus-weissbach.de

Öffnungszeiten:
Mai bis Juli, Mitte September bis Ende Oktober: Fr ab 18, Sa ab 18, So und Fei ab 16 Uhr

Parken:
direkt am Haus

Reservierungen:
ja

Anzahl der Sitzplätze:
drinnen: 35
draußen: 35

Besonderheiten:
- Hoffest im Mai
- Weinbergsrundgänge
- Hohlweg-Wanderungen

Mein Tipp:
's Pännsche dazu ein Grauburgunder trocken

Vater, Mutter und vier Söhne arbeiten Hand in Hand

Wenn der Vater mit den Söhnen … exzellente Weine erzeugt, die ihre Wiege an den terrassierten Weinbergshängen Mettenheims verraten, aber auch mit Frische, Frucht und Nachhall überzeugen, dann ist man im Weingut Weißbach. Winzermeister Dirk Weißbach und seine Söhne Max, seines Zeichens Weinbautechniker, und Tim, diplomierter Getränketechnologe, bewirtschaften das Bio-Weingut im Schatten des Mettenheimer Michelsbergs gemeinsam. Das Ergebnis sind harmonisch strukturierte Weine mit eingebundener Säure und feinen Fruchtaromen. Die Reben wachsen auf tiefgründigem Löss-Lehm, der mit Kalkadern durchzogen ist. „Leuchtturm" des Sortiments ist der Premium-Riesling Casimir. Aber auch Merlot und Spätburgunder aus der DW-Linie des Gutes und der im Barrique gereifte Merlot sind aller Ehren wert. Ein besonderes Händchen haben die Weißbachs zudem für die weißen Burgundersorten. Nicht zu vergessen: die selbst erzeugten Sekte. Gute Seele der Winzerfamilie und des Straußwirtschaftsbetriebs ist Klothilde Weißbach, die im Service von den Söhnen Jan und Pit unterstützt wird. Die Küche ist bodenständig, deftig und vielfältig. Auf der in rheinhessischem Platt (mit hochdeutscher Übersetzung für Messfremde und „Ringeridschde") geschriebenen Speisekarte stehen Leckereien wie „Winzersteak, Brockelbohne mit Owe-Grumbeern unn Rosmarin", „Kadoffelklees mit Zwibbel-Speck-Dunkes unn Ebbelbrei" oder „s'Pännsche" – der Renner der Karte: frisches Gemüse auf Kassler und das alles mit Käse überbacken. Und für den kleinen Hunger gibt's „e schää Fettestick mit Salz druff".

Bewertung:

GESAMT:

Wein:

Speisen:

Ambiente

Top 10 TIPP

Alte Brennerei Gutsschänke

Kirchgasse
67591 Mölsheim
Tel. 06243/5364
www.alte-brennerei-moelsheim.de

Öffnungszeiten:
Fr und Sa ab 18 Uhr
So und Fei ab 17 Uhr

Parken:
an der Kirche und im Weinberg

Reservierungen:
ja

Anzahl der Sitzplätze:
drinnen: 50
draußen: 50

Besonderheiten:
- Donnersberger Weinforum im April
- „Hunde erlaubt, Kinder er= wünscht"
- Glanrindwochen im März
- Tag des offenen Denkmals
- Erlebnistag Zellertal am 1. Sonntag nach Pfingsten

Mein Tipp:
Omas Kotelett auf dem Zwiebelbett dazu ein Zasch Merlot trocken

Frisches Gemüse aus dem Klostergarten

Jeder Winkel des ehemaligen Klosterhofes atmet Geschichte. Wer das Ergebnis einer über zwanzigjährigen Ausbauphase sieht, mag ermessen, wie viel Herzblut die gelernte Gärtnerin und Hauswirtschafterin Judith Seidel-Göhring und der Weinbauingenieur Gerd Göhring in das vom Großvater ererbte Anwesen gesteckt haben, in dessen Untergeschoss einst eine Brennerei beheimatet war. Scheint die Sonne, lohnt die Besichtigung der 1774 angelegten, weitgehend erhaltenen barocken Gartenanlage, aus der die Familie frische Kräuter, Gemüse und Salate für ihre Gäste erntet. Im Steinofen backt Judith Seidel-Göhring ihr Brot, das unter anderem zu Kreationen wie dem Munkel-Roulette (selbst gemachte, leckere Aufstriche), dem reich garnierten Brenner-Teller oder dem Rheinhessen-Carpaccio gereicht wird. Spezialität des Hauses ist „Omas Kotelett auf dem Zwiebelbett". Saisonale Speisen und auf originellen Tafeln angepriesene Tagesgerichte erweitern das Angebot. „Must have" für Schleckermäuler: gefüllte Palatschinken. Die Weine stammen zum Großteil aus dem Gut von Gerd Göhrings Bruder im benachbarten Flörsheim-Dalsheim, wo der Mölsheimer lange als Kellermeister gewirkt hat. Seine Passion gilt indes dem eigenen, „Zasch" (kurz für die Lage Zellerweg am schwarzen Herrgott) genannten, fulminanten Dornfelder. „Gezieltes Nichtstun und im richtigen Moment das Falsche unterlassen", beschreibt der Winzer seine Philosophie der Rotwein-Bereitung. Wer die Vielfalt liebt, dem serviert Göhring gerne einen „5er Fassboden" mit fünf 0,1 Liter-Proben. Übrigens: Zur Gastfreundlichkeit zählt für Gerd Göhring auch, dass er jeden Besucher persönlich begrüßt und verabschiedet.

Bewertung:

GESAMT:

Wein:

Speisen:

Ambiente

Top 10 TIPP

Geil's Scheier Weingut Römerhof

Gutsschänke

Am Römer 22-24
55234 Monzernheim
Tel. 06244/256
www.roemer-hof.de

Öffnungszeiten:
Mitte Mai bis Ende Juli,
1. Hälfte Oktober:
Fr ab 17, Sa ab 17,
So und Fei ab 15 Uhr

Parken:
Parkplätze sind vorhanden

Reservierungen:
ja

Anzahl der Sitzplätze:
drinnen: 70
draußen: 80

Besonderheiten:
- sehr schöner Winzergarten
- Hoffest im August (alle drei Jahre)
- Weinbergsrundgänge (auf Anfrage)

Mein Tipp:
Geschmorte Rinderbäckchen mit Bandnudeln dazu ein Regent trocken

Schlemmen in Rheinhessens Garten Eden

So – oder so ähnlich – muss es einst im Paradies ausgesehen haben. Der Garten des Weinguts Römerhof, in dem die Familie Geil bei schönem Wetter ihre Gäste bewirtet, ist gepflegt und mit viel Liebe zum Detail angelegt. Und auch an die jüngsten Gäste wurde mit einer Spielecke gedacht. Scheint einmal nicht die Sonne, wechselt man in die Scheier mit ihrem authentisch rustikalen Ambiente. Der Weinbau hat in der Familie eine lange Tradition. Schon um das Jahr 1900 haben die Vorfahren von Winzermeister Ulrich Geil und seinen Söhnen Paul und Sebastian (beides Weinbautechniker) Weine in Flaschen abgefüllt, was die schmucken alten Jugendstil-Etiketten, die heute die Premium-Linie des Gutes zieren, belegen. Paul und Sebastian Geil sind für den Ausbau der Weine im Keller zuständig. Die Weißweine des Gutes haben feine Frucht, filigrane Struktur und Länge im Abgang – und das bei moderaten Alkoholgehalten. In besonderem Maße trifft das auf den Selektions-Riesling aus der Monzernheimer Steinböhl zu. Weiches Tannin kennzeichnet die Rotweine der Geils. In der Küche bereiten Sigrid Geil und ihre Schwägerin Ortrud Roos leckere Speisen aus frischen Produkten der Region zu. Die Karte ist überschaubar und dennoch hat sie für viele Geschmäcker etwas zu bieten, allzumal es darüber hinaus zwei wöchentlich wechselnde Gerichte zusätzlich gibt. Die Koteletts von einem Mettenheimer Metzger sind die absoluten „Renner". Aber auch Roastbeef, Russische Eier und Herrentoast finden ihre Abnehmer. Übrigens: Geil's Scheier belegte beim Gastronomie-Preis Rheinland-Pfalz 2011 den ersten Platz in der Kategorie „Gutsausschank".

Bewertung:

GESAMT:

Wein:

Speisen:

Ambiente

Weingut Binz Straußwirtschaft

Prof. -Dr.-Pier-Straße 27
55299 Nackenheim
Tel. 06135/2619 und 8680
www.weingut-binz.de

Öffnungszeiten:
Mitte April bis Ende August (während des Nackenheimer Weinfestes am letzten Juli-Wochenende geschlossen):
Sa ab 17, So ab 16 Uhr

Parken:
Parkplätze gegenüber dem Weingut

Reservierungen:
nein

Anzahl der Sitzplätze:
drinnen: 64, draußen: 60

Besonderheiten:
- Samstag Rumpsteaks nach Art des Hauses
- Weinproben auf Anfrage

Mein Tipp:
Toast Helene mit Putenschnitzel, Birne und Gorgonzola überbacken dazu ein Chardonnay Kabinett trocken

Rumpsteaks nach Omas Rezept

Rainer und Manfred Binz setzen eine 200 Jahre alte Familientradition im Weinbau fort. Gemeinsam bewirtschaften sie das Gut mit seinen zehn Hektar Weinbergen. Die Filetstücke davon befinden sich im berühmten Roten Hang, einem der besten Riesling-Anbaugebiete der Welt. Die beiden Winzerbrüder haben ihre Riesling-Reben folgerichtig auch in den Toplagen Rothenberg und Engelsberg gepflanzt. Hier erhalten sie die für das Rotliegende so typische Charakteristik, wobei Manfred und Rainer Binz darauf achten, dass das Lesegut bei der Ernte die physiologische Reife hat, also auf dem Zenit des Reifegrads angekommen ist. Neben den rassig-fruchtigen Rieslingen sind es vor allem die Burgundersorten, die das weiße Rebsortiment bestimmen. Die roten Binz-Weine werden in Edelstahl und im Barrique ausgebaut. Dornfelder, Spätburgunder und Merlot sind kraftvoll mit ausgeprägten Fruchtnoten und dezentem Tannin. Am besten genießt man die Weine im schönen, von Nadel- und Laubbäumen gesäumten Hof des Gutes. Nicht nur der Weinbau, auch die Gastronomie hat in der Familie Tradition: Rainer und Manfreds Oma hat seinerzeit eine bei den Nackenheimern beliebte Gaststätte betrieben. Und von ihr stammt auch das Rezept für eine Spezialität, die es in der Straußwirtschaft nur samstags gibt – Rumpsteak. „Die Sauce ist das Besondere", verrät Hella Binz, die in der Küche den Kochlöffel schwingt. Besonders stolz ist sie auch auf die hausgemachten Bratkartoffeln. „Donnerstags kann man uns hier alle Kartoffeln schälen sehen", lacht die Seniorchefin.

Bewertung:

GESAMT:

Wein:

Speisen:

Ambiente

Gutsschänke Horn, Weingut Franzen

Gutsschänke

Außerhalb 9
55268 Nieder-Olm
Tel. 06136/42484
www.horn-franzen-weingut.de

Öffnungszeiten:
Februar bis Dezember: Mo, Mi bis Fr ab 17 Uhr, Sa ab 11 Uhr, So und Fei ab 11 Uhr

Parken:
Parkplätze vorhanden

Reservierungen:
ja

Anzahl der Sitzplätze:
drinnen: 100
draußen: 100

Besonderheiten:
- Spargel aus eigenem Anbau
- kinderfreundlich
- saisonal wechselnde Spezialgerichte

Mein Tipp:
Kroppeschnitzel gegart in Sahne mit gekochtem Schinken, Pilzen und Zwiebeln mit Beilagensalat und Bratkartoffeln dazu ein Nieder-Olmer Klosterberg Grauer Burgunder trocken

Spargel-Spezialitäten und fruchtige Burgunder

Der Ausblick vom Ebersheimer Berg über das Selztal bis hin zu Taunus und Donnersberg ist atemberaubend. Die Winzerfamilie Franzen verwöhnt ihre Gäste jedoch nicht nur mit einem traumhaften Panorama, das ganzjährig vom lichtdurchfluteten Wintergarten und im Sommer von der gepflegten Außenanlage aus genossen werden kann. Das geräumige Terrain bietet Kindern genügend Platz zum Herumtollen. Die Küche des Familienbetriebes wird von Karin Franzen geführt. Die Karte enthält regionale Klassiker, wobei „Kroppeschnitzel" und Pilzpfannkuchen mit Rahmsoße und gemischtem Salat besondere Spezialitäten des Hauses sind. Dazu zählt auch der Spargel aus eigenem Anbau, der im Frühjahr in den vielfältigsten Varianten serviert wird. Monatlich wechselnde, der Saison angepasste Gerichte, wie norwegischer Fisch im März, Pfifferlinge im Sommer oder Kürbis im Oktober eröffnen phantasievolle kulinarische Alternativen. 1997 hat die Familie Franzen den früheren landwirtschaftlichen Mischbetrieb in ein Weingut umstrukturiert. Dessen Schwerpunkt liegt im Anbau von Burgunder und Riesling. Die Weißweine Michael Franzens sind schlank und nicht alkohollastig. Die reintönigen Moste reifen allesamt im Edelstahl mit gekühlter Gärführung zu fruchtbetonten Weinen heran. Die Rotweine durchlaufen eine zwei- bis dreiwöchige offene Maischegärung und ein langes Hefelager, bevor sie im Spätsommer auf die Flasche gefüllt werden. Der Spätburgunder reift im großen Holzfass und zum Teil im Barrique, der St. Laurent im Edelstahltank.

Bewertung:

GESAMT:

Wein:

Speisen:

Ambiente

Top 10 TIPP

Gehrings Weinwirtschaft

Gutsschänke

Außerhalb 17
55283 Nierstein
Tel. 06133/5470
www.weingut-gehring.com

Öffnungszeiten:
Mai bis Oktober: Di bis Sa ab 17 Uhr, November bis April: Do bis Sa ab 17 Uhr

Parken:
im Hof

Reservierungen:
ja

Anzahl der Sitzplätze:
drinnen: 70
draußen: 70

Besonderheiten:
- Weinbergs-Olympiade
- Kräuterwanderungen
- Weinbergsrundfahrten
- Event-Zelt
- einmal im Monat Sonntagsbrunch
- Weinwanderungen
- Wohnmobilstellplätze
- Panoramablick ins Rheintal

Tipp:
Selbst mariniertes gebratenes Butterhähnchen dazu ein Grauer Burgunder trocken

Panoramablick und große Rieslinge

Diana und Theo Gehring sind nicht verlegen, wenn es um gute Ideen rund ums Thema Wein und Tourismus geht. Die Auszeichnung Great Wine Capitals Tourism Award bestätigt das. Eine dieser Ideen ist die Weinwirtschaft im direkt an der B 420 auf einer Kuppe zwischen Nierstein und Dexheim gelegenen Weingut. Von dort hat man einen malerischen Panoramablick ins Rheintal und auf die Skyline von Frankfurt. Das gastronomische Konzept bringt Bewegung in die Wirtschaft, denn bei den Getränken ist Selbstbedienung angesagt, die Speisen werden allerdings serviert. Schon bei der Lektüre der Speisekarte läuft einem das Wasser im Mund zusammen: Kalbsschnitzel mit Zitronenschmand, selbst mariniertes Butterhähnchen, Drillinge mit Pulled Pork, aber auch Klassiker wie Spundekäse und Vesperteller sind im Sortiment. In der Küche sorgen Natalie Williams und Peter Jurkovski dafür, dass die Verheißungen der wechselnden Karte in die Tat umgesetzt werden. Diana Gehrings Credo: nur frische Produkte aus der Region! Ihre Neffe Marvin Walter ist für den reibungslosen Service zuständig und berät die Gäste bei der Weinauswahl. Theo Gehring zählt zu den arrivierten Winzern der „Riesling City". Seine Rieslinge aus den Toplagen des Roten Hanges reifen spontan vergoren im Holzfass heran und verraten die feine Hand des Winzermeisters für große Weine voller Rasse. Aber auch die „Hillside" und „Riverside" genannten Basis-Rieslinge sowie die fruchtigen Burgunder bereiten echten Trinkgenuss. Stichwort „feine Hand": Die hat Theo Gehring auch bei der Komposition seiner Cuvées „Vielharmonie" und „Vollmond". Da darf es denn gerne auch mal ein Gläschen mehr sein …

Bewertung:

GESAMT:	🍇🍇🍇🍇
Wein:	🍇🍇🍇🍇
Speisen:	🍇🍇🍇½
Ambiente	🍇🍇🍇½

Top 10 TIPP

Klein's Vinum Gutsschänke

Saalpförtchen 2/Am Marktplatz
55283 Nierstein
Tel. 06133/600 91/-93
www.klein-nierstein.de

Öffnungszeiten:
Februar bis Mitte November:
Fr ab 18, Sa ab 16, So und Fei ab 12 Uhr

Parken:
Parkplatz Hinter Saal am Friedhof (30 Meter)

Reservierungen:
ja

Anzahl der Sitzplätze:
drinnen: 60
draußen: 100

Besonderheiten:
- großer Innenhof
- radfahrerfreundlich
- kinderfreundlich (Spielecke, Wickeltisch, Kindergerichte)
- Weinbergsrundfahrten

Mein Tipp:
Rinderhacksteak mit Senfsoße, Bratkartoffeln und Salatbouquet dazu ein Grauer Burgunder trocken

„Coole“ Rieslinge vom Roten Hang

Einst residierte in dem 350 Jahre alten Gehöft der Kurpfälzische Amtmann, im 19. Jahrhundert war hier die „Evangelische Schule“ untergebracht – heute ist das stattliche Anwesen am Niersteiner Marktplatz eine Stätte des Genusses, die mit mediterranem Ambiente besticht. In der von Arndt und Silvia Klein stilsicher eingerichteten Weinstube umarmen Tradition und Moderne einander. Bei schönem Wetter werden Weine und Speisen auch im Hof serviert mit schönem Blick auf die Martinskirche. Im Freien gibt es eine Spielecke für Kinder, denn Familien sind bei den Kleins herzlich willkommen. Auf der Speisekarte setzt sich die mediterrane Leichtigkeit des Seins fort – seien es bei knackigen Salaten, die nach den Töchtern Elena und Nathalie benannt sind – oder einem „Mediterranen Handkäse“ mit roten Zwiebeln, Oliven, Kirschtomaten und hellem Balsamico, den Winzer Arndt Klein „richtig cool“ findet. Die Küche ist das Reich von Amanda Klein. Arndts Mutter bereitet alle Speisen frisch aus regionalen Produkten zu. Die Weine des Gutes sind geradlinig, ausbalanciert und überzeugen mit einer rebsortentypischen Aromatik. Neben den klassischen Rebsorten finden sich auch einige „Exoten“ auf der Karte. Etwa ein Grüner Veltliner – den Silvia Klein im Skiurlaub in Österreich schätzen lernte. „Renner“ des Angebots sind indes die rassigen Rieslinge vom Roten Hang. Und auch hier lautet Winzer Kleins Urteil: „Richtig cool!“

Bewertung:

GESAMT:

Wein:

Speisen:

Ambiente

Top 10 TIPP

Weingut H.A. Strub Zwitscherstubb

Straußwirtschaft

Oberdorfstraße 57
55283 Nierstein
Tel. 06133/59765
www.weinstrub.de

Öffnungszeiten:
März bis Anfang Mai, Mitte September bis Mitte November: Fr ab 18, Sa ab 17, So und Fei ab 16 Uhr

Parken:
Oberdorfstraße und angrenzend.

Reservierungen:
nein

Anzahl der Sitzplätze:
drinnen: 48
draußen: 52

Besonderheiten:
- Spargelwochen im Mai:
- Weinbergsrundfahrten
- Weinproben (Deutsch, Englisch)
- kinderfreundlich

Mein Tipp:
Hacksteak mit Bratkartoffeln, Zwiebelsoße und wahlweise Spiegelei dazu ein Silvaner trocken

Lebensfreude pur im ehemaligen Kuhstall

In der Zwitscherstubb sind Gemütlichkeit und Frohsinn zu Hause. Wer hier auf die Idee kommt, Mineralwasser zu bestellen, der wird von Rudolf Strub mit schalkhaftem Blick darauf hingewiesen, dass das nicht sein Kerngeschäft sei. Schwangeren serviert er kostenlos Gurken – samt einem Bulletin über das Wohlbefinden des werdenden Kindes. Auf der letzten Seite der Karte werden die Gäste gebeten, alle mitgebrachten Gegenstände wieder mitzunehmen – „auch dentale Ersatzteile". „Lebensfreude pur, das ist es, was wir hier vermitteln wollen", sagt Strub, der es perfekt versteht, seine Gäste zu unterhalten, ohne dabei jedoch ins Klamaukhafte abzugleiten. Zusammen mit Tochter Elena bildet er ein eingespieltes Tandem. Beide sorgen nicht nur für gute Stimmung in der urgemütlichen Straußwirtschaft, die einst Kuhstall und Vorscheune des 1643 gegründeten Betriebes beherbergte, sondern auch für einen umsichtigen Service. Gemeinsam mit Sohn Sebastian, dem besten deutschen Jungwinzer des Jahres 2013, erzeugt Rudolf Strub feinfruchtige Weißweine mit moderatem Alkoholgehalt und harmonisch eingebundener Säure, deren Spitzen die Rieslinge vom Roten Hang sind. Ob Oelberg, Hipping oder Pettenthal – die Strub-Weine zeugen davon, dass das Rotliegende am Rhein zwischen Nierstein und Nackenheim zu den besten Riesling-Terroirs der Welt zählt. Spätburgunder und Dornfelder bestimmen das Rotwein-Sortiment des Gutes. Hackbraten und Schweinesülze mit Bratkartoffeln zählen zu den gern gegessenen Speisen in der Zwitscherstubb. Aber auch das Kartoffeldippche, die wöchentlich wechselnden Tagesgerichte oder „Strub's Dreierlei" sind beliebte Schmankerl der von Sigrid Strub geführten Küche.

Bewertung:

GESAMT: 

Wein: 

Speisen: 

Ambiente 

Weingut Gustav Strub Straußwirtschaft

Rheinstraße 36
55283 Nierstein
Tel. 06133/59684
www.strub-wein.de

Öffnungszeiten:
Anfang Mai bis Mitte Juni, Anfang September bis Mitte Oktober: Fr ab 18, Sa ab 17, So und Fei ab 16 Uhr

Parken:
öffentliche Parkplätze sind in der Nähe vorhanden.

Reservierungen:
ja

Anzahl der Sitzplätze:
drinnen: 35
draußen: ca. 80

Besonderheiten:
- großer Garten mit Spielecke
- Weinbergsrundfahrten ab zehn Personen
- kinderfreundliches Angebot

Mein Tipp:
Hacksteak mit Zwiebelsoße dazu ein Dornfelder trocken

Schlemmen auf historischem Grund

Seit dem 17. Jahrhundert betreibt die Familie Strub schon Weinbau. Historisch bedeutend ist das Areal des Weingutes in der Niersteiner Rheinstraße. Denn es befindet sich auf dem Gelände der ehemaligen lutherischen Sophienkirche, die 1729 geweiht wurde. Nach dem Verkauf Ende des 19. Jahrhunderts wurde das alte Kirchengebäude als Scheune genutzt und ist heute Wohnhaus der Familie. Seit 1997 werden Weingut und Straußwirtschaft von Thomas und Susanne Strub geführt. Susannes Großvater Gustav war von 1945 bis 1965 Niersteiner Bürgermeister – von ihm hat das heutige Gut den Namen. Susanne Strub bereitet in der Küche neben dem typischen Straußwirtschaftsangebot leckere Köstlichkeiten wie Erfrischungsbrot mit Quark, Tomaten, Gurken und Eischeiben, Thunfisch-Ciabatta oder das pikante Ofensteak zu. Ein Geheimtipp für den kleinen Hunger und Geldbeutel: Butterbrot mit gerösteten Sonnenblumenkernen zum Preis von einem Euro fünfzig (!). Ein wechselndes Wochengericht rundet das Angebot der Küche ab. In Weinberg und Keller wirkt Thomas Strub. Der Quereinsteiger in den Winzerberuf erzeugt bodenständige, frischfruchtige Weine, die ganz nach dem Geschmack der vielen Stammkunden der Straußwirtschaft sind, die gerne von den rechtsrheinischen Nachbarn aus Südhessen angesteuert wird. Weiße und rote Strub-Weine werden im Edelstahl ausgebaut und reifen in einem ebenso tiefen wie kühlen Keller gemächlich heran. Besonders reizvoll ist der Wein- und Speisengenuss im idyllischen Winzerhof mit dem großen Nussbaum. Im Garten gibt es eine Spielecke für Kinder und genügend Platz zum Herumtollen.

Bewertung:

GESAMT:

Wein:

Speisen:

Ambiente

Weinstube Dietz Gutsschänke

Wormser Straße 85
55276 Oppenheim
Tel. 06133/3385
www.weingut-dietz.com

Öffnungszeiten:
April bis Oktober: Do, Fr ab 17, Sa ab 13, So und Fei ab 12 Uhr, November bis März: Sa ab 17 Uhr

Parken:
Parkplätze sind vorhanden

Reservierungen:
ja

Anzahl der Sitzplätze:
drinnen: 80
draußen: 80

Besonderheiten:
- Hoffest im Juli
- kulinarische Weinproben im Juni und Oktober
- Adventsmarkt am letzten Wochenende im November

Mein Tipp:
Dietz Spezial: gebackenes Mett mit Spiegelei und Luzias Bratkartoffeln dazu ein Weißburgunder & Chardonnay trocken

Weinbautradition in fünfter Generation

1991 eröffneten Luzia und Bernd Dietz in Blickweite zur Oppenheimer Toplage Sackträger eine Straußwirtschaft. Sechs Jahre später kam im ehemaligen Heu- und Holzlager unter dem Giebeldach des Gutes ein weiterer und größerer Raum hinzu. Das ehemalige Kelterhaus wurde umgelagert, hier entstand eine neue Küche. Mittlerweile zur Gutsschänke erweitert, ist der gastronomische Betrieb heute beliebter Treffpunkt von Weinfreunden und Liebhabern guter Küche. Bei schönem Wetter lässt es sich in dem gemütlichen Hof des Anwesen bestens aushalten, allzumal beim Hoffest im September. Seit 1857 wird in der Familie Dietz Weinbau betrieben. Mit Weinbauingenieur Tom Dietz setzt die fünfte Generation die Tradition des Gutes fort. Weiße und rote Weine wachsen in Oppenheimer und Gau-Bischofsheimer Lagen. Tom Dietz erzeugt daraus fruchtige weiße und gehaltvolle, maischevergorene rote Weine. Auffallend ist die Sortenvielfalt, wobei sich neben traditionellen Sorten wie Riesling, Silvaner oder Burgunder auch internationale wie Auxerrois oder Sauvignon blanc finden. Im Barrique ausgebaute Premiumweine aus Cabernet Sauvignon- und Merlot-Trauben ragen bei den Roten heraus. In der Küche bereitet Frauke Dietz mit ihrem Team aus frischen, regionalen Produkten ein breitgefächertes Speisenangebot zu. Deftiges wie Bauernpfanne oder „Dietz Spezial" (gebackenes Mett mit Spiegeleiern) wechselt dabei mit Fischgerichten, leckeren Salaten oder vegetarischen Speisen wie hausgemachten Gemüseteigtaschen mit Tomatenbutter und Parmesan.

Bewertung:

GESAMT:

Wein:

Speisen:

Ambiente

Top 10 TIPP

Weingut Walldorf-Pfaffenhof

Gutsschänke

Mainzer Straße 50
55291 Saulheim
Tel. 06732/5055
www.pfaffenhof.de

Öffnungszeiten:
Mitte Februar bis Mitte Mai, Anfang September bis Anfang Dezember: Do und Fr ab 17, Sa ab 17, So und Fei ab 12 Uhr

Parken:
ausreichend Parkplätze in der Nähe

Reservierungen:
ja

Anzahl der Sitzplätze:
drinnen: 80-100
draußen: 60

Besonderheiten:
- barrierefrei
- Picknick in den Weinbergen
- Weinwanderungen auf dem Wein-Aroma-Wanderweg
- „Wein trifft…"-Aktionen

Mein Tipp:
„Eh Fassdierje voll Rheihesse":
9 saisonale rheinhessische ‚Mungelscher' (= Tapas) mit Rotweinbutter und Brotauswahl dazu ein Spätburgunder trocken

Weingenuss im Himmelbett

Betritt man die Gutsschänke im Pfaffenhof, nimmt einen gleich das besondere Flair gefangen. Es sind Kerstin Walldorf-Dexheimers Liebe zum Detail und ihr kreativer Umgang mit den Dingen des Alltags, die dieses Flair ausmachen. Wo sonst hat man schon die Chance, in einem Himmelbett zu speisen? Oder beim Warten aufs Essen einen Boutique-Bummel im Lokal zu machen? „Man braucht mehr als Wein", bringt die ehemalige Rheinhessische Weinkönigin ihre Philosophie auf den Punkt. Und so ist die Gutsschänke eine kleine Wein-Erlebniswelt für sich. Weit mehr als Wein findet sich auch in der umfangreichen Karte wieder – bei der der Messfremde allerdings eine sprachliche Hürde nehmen muss: Sie ist in „Saalemer Platt" geschrieben. So liest man darin etwa von „Wuzzemett mit Zwibbeljer" oder einem „Ajer Pännje". Für Deftiges und Raffiniertes aus Pfanne und Topf sorgt Kerstins Mutter Anneliese Walldorf, wobei es jahreszeitlich wechselnde Spezialgerichte gibt. Hans-Jürgen Dexheimer ist für die Weine des Gutes zuständig. Fruchtbetont die weißen, maischevergoren und mit feinem Tannin-Gerüst die roten. Um pfiffige Ideen rund um den Wein nicht verlegen, offerieren die Walldorf-Dexheimers ihren Gästen einen ganz besonderen Aperitif: eine 1994er Huxelrebe-Beerenauslese aus der Saulheimer Probstey. „Pfiff" am „Rheinhessen Caipirinha": der Zusatz des eingefrorenen und mit Zitronenschale versetzten gleichen Weins. Ein Huxel-Erlebnis der besonderen Art, das sicher auch Jakob Walldorf, der das Gut 1896 gründete, genießen würde. Sein Erbe werden Kathrin und Maximilian Dexheimer fortsetzen, die ihren Eltern in Weingut und Gutsschänke schon jetzt tüchtig zur Hand gehen.

Bewertung:

GESAMT:

Wein:

Speisen:

Ambiente

Weingut Wilmshof Gutsschänke

Kapellenstraße 14
55278 Selzen
Tel. 06737/338
www.wilmshof-selzen.de

Öffnungszeiten:
April bis August, 2. WE im September bis 1. Advent:
Fr ab 17 Uhr, Sa ab 16 Uhr,
So und Fei ab 16 Uhr

Parken:
im Hof, in angrenzenden Straßen

Reservierungen:
ja

Anzahl der Sitzplätze:
drinnen: 100
draußen: 32

Besonderheiten:
- Weinbergsrundfahrten
- private Feiern
- kinderfreundlich
- Weinladen mit Kunstobjekten
- Hoffest Ende Juli, Frühlingserwachen letztes Märzwochenende, Winterzauber am 2. Advent

Mein Tipp:
Gebackener Camembert mit einer knusprigen Cornflakespanade und Dornfelder-Ingwer-Pflaumen dazu ein Dornfelder trocken

„Alles, was Genuss bedeutet, muss langsam sein“

Mitten im Selzer Ortskern liegt der Wilmshof. 1986 haben Werner und Dagmar Binzel den alten Kuhstall zu einem Weinprobierraum umgebaut. Heute ist die typisch rheinhessische „Kuhkapelle“ mit ihrem Kreuzgewölbe zusammen mit der umgebauten Scheune eine schmucke Gutsschänke, die viele Stammgäste hat. Mit Tochter Katrin und Schwiegersohn Tobias Mohr ist die nächste Generation in den Betrieb eingestiegen. In der Küche lässt Dagmar Binzel ihrer Kreativität freien Lauf und zaubert neben den gängigen Standards leckere Schmankerl wie Carpaccio vom Schwartenmagen, Leberwurst-Auflauf, Handkäs-Tartar oder Camembert auf Rotwein-Pflaumen. Dabei verwendet sie frische Produkte aus der Region. Familien mit Kindern sind auf dem Wilmshof gern gesehen. Hof und Vorgarten laden zum Spielen ein. Bei den Mohrs gehen Kunst und Wein eine fruchtbare Symbiose ein: Der Pfälzer Tobias Mohr hat Kunst studiert und erst danach eine Weinbaulehre absolviert. Er hat im Anschluss seine Winzermeisterausbildung als Bester seines Jahrgangs abgeschlossen. Katrin Mohr ist diplomierte Innenarchitektin. Die Weine des Gutes sind in eine dreigliedrige Qualitätspyramide unterteilt: Schoppen-, Guts- und Premiumweine. Bei den weißen Sorten ruht ein Augenmerk auf den Burgundern, die auf einem langen Hefelager im Edelstahltank heranreifen. Eine besondere Spezialität des Gutes: ein Roter Traminer. Die maischevergorenen Rotweine werden allesamt im Holzfass ausgebaut. Dabei folgt Tobias Mohr seinem Grundsatz: „Wein braucht Zeit. Alles, was Genuss bedeutet, muss langsam sein.“ Recht hat er.

Bewertung:

GESAMT:

Wein:

Speisen:

Ambiente

Zur Alten Kastanie Weingut Büttel

Gutsschänke

Kaiserstraße 5
55278 Selzen
Tel. 06737/8652
www.zur-alten-kastanie.de

Öffnungszeiten:
April bis Mitte August und Mitte September bis 3. Advent: Fr ab 18, Sa ab 17, So und Fei ab 17 Uhr

Parken:
an der Massagepraxis und in den angrenzenden Ortsstraßen

Reservierungen:
ja

Anzahl der Sitzplätze:
drinnen: 58
draußen: 60

Mein Tipp:
Schweinelendchen mit Champignon-Sahnesoße und Blechkartoffeln dazu ein Grüner Silvaner trocken

„Schlawiner“ schlürfen im Schatten der Kastanie

Im Sommer nehmen die Gäste im Hof unter dem über 100 Jahre alten Baum mit seinen ausladenden Ästen gerne Platz. Von der Schatten spendenden Kastanie hat Birgit und Wolfgang Büttels Gutsschänke ihren Namen. Nicht minder gemütlich ist der anheimelnde Gastraum im ehemaligen Kuhstall, in dem die Besucher von einem familiären Service umsorgt werden. Auf der saisonal variierenden Speisekarte wechselt Bodenständiges mit kreativen Gerichten wie dem Tomaten-Zucchini-Pännche, echtem Rotlachs aus Alaska oder der pikanten Kasslerpfanne. Eine besondere Spezialität sind die Blechkartoffeln. Im Winter gibt's hausgemachte Remouladen. Birgit Büttel verwendet vor allem regionale Produkte für ihre frisch zubereiteten Speisen. Im Herbst gibt es ein leckeres „Appel-Pännche" von im eigenen Garten geernteten Äpfeln. Burgunder, Riesling und Silvaner dominieren die Auswahl an Weißweinen; Dornfelder, Portugieser, St. Laurent und Spätburgunder die der roten Sorten. Silvaner-Fan Wolfgang Büttel erzeugt sortentypische Weine – die weißen im Edelstahl, die roten im Holzfass. Gern getrunken wird der hauseigene „Schlawiner secco", der aus einer Cuvée von Riesling und Müller-Thurgau besteht. Im Sommer wird der Secco zum „Schlawiner-Teller" gereicht, auf dem mediterrane Genüsse wie Bresaola, Ruccola, Parmesan und Fenchelsalami drapiert sind. In der Weinkarte finden sich Mundartgedichte rund um den Wein vom Ahnherrn Georg Michael Büttel, der da meint: „Wann oner moins schunn lebbert // middachs rumlääft wie bedeppert// un owends voll is wie e Krott // do hert em grad de Woi verbott."

Bewertung:

GESAMT:

Wein:

Speisen:

Ambiente

Weingut Moebus Straußwirtschaft

Wonsheimer Straße 13
55599 Siefersheim
Tel. 06703/665
www.weingut-moebus.de

Öffnungszeiten:
im März: Sa ab 18,
So und Fei ab 16 Uhr

Parken:
Parkplätze in unmittelbarer Nähe, am Sportplatz (100 Meter entfernt)

Reservierungen:
ja

Anzahl der Sitzplätze:
drinnen: 60
draußen: 200

Besonderheiten:
- Kräuterwanderungen an jedem 1. Sonntag im Monat (im April und Mai mit Kräuterbüfett)
- Konzerte im Weingut
- kulinarische Frühlingsweinprobe
- Adventsweinprobe

Mein Tipp:
Wildkräuter-Tapas dazu ein Siefersheimer Goldenes Horn Grüner Silvaner trocken

Im Reich der Kräuterhexe

Christine Moebus ist eine Hexe aus Leidenschaft, auch wenn sie nicht auf einem Besen reitet. Die Winzermeisterin widmet sich nämlich neben dem Weingut in der Ortsmitte ihrer großen Passion: Wildkräutern. Christine Moebus ist eine der Siefersheimer Kräuterhexen. An jedem ersten Sonntag eines Monats lädt sie mit ihren Kolleginnen zur Kräuterwanderung in die malerische Gemarkung zwischen Heerkretz und Höllberg ein. Kein Wunder, dass Kräuter auch eine wichtige Rolle in der „Hexenküche" des Hauses spielen. Christine Moebus serviert ihren Gästen im Kreuzgewölbe des ehemaligen Kuhstalls Leckereien wie „Hexen Tapas", Wildkräuter-Spundekäse, Flammkuchen „Hexisch" oder Brennessel-Kräutercreme-Suppe. Mit Gerichten wie Rosmarin-Thymian-Braten vom Jungbullen bleibt die „Hexenküche" nicht fleischlos. Die Reben des Gutes wachsen auf Rhyolithböden, verwittertem Lavagestein, das roten wie weißen Weinen eine unverwechselbare Mineralität verleiht. Dem Silvaner widmet Winzermeister Michael Moebus ein besonderes Augenmerk. Die roten Moebus-Weine sind alle auf der Maische vergoren und reifen im Holzfass heran. Das Faible für stilvollen Genuss und die naturverbundene rheinhessische Lebensart haben Michael und Christine Moebus an ihre Kinder vererbt, denn Gastronomiefachfrau Charlotte und Winzer Matthias sind mittlerweile in die Fußstapfen der Eltern getreten. Neben Wein und Speisen spielt auf dem Gut die Kultur eine große Rolle. Mehrere Konzerte gibt es im Jahreslauf – natürlich auch am 30. April, wenn die Hexennacht gefeiert wird.

Bewertung:

GESAMT:

Wein:

Speisen:

Ambiente

Hofausschank Zimmermann

Straußwirtschaft

Backhausgasse 3
55599 Siefersheim
Tel.: 06703 / 960320
www.weingut-zimmermann.de

Öffnungszeiten:
Ende April bis Anfang Juli, Ende August bis Mitte Oktober: Samstag und Sonntag ab 15 Uhr

Parken:
im hinteren Hof sowie auf dem Parkplatz „Am Gänsborn" (ca. 200 Meter entfernt)

Reservierungen:
ja

Anzahl der Sitzplätze:
drinnen: 24
draußen: 70

Besonderheiten:
- in Kooperation mit Jörg Zimmermann betriebene Winzeralm
- Jahrgangsverkostung im Mai
- Grillfest im Juni
- Sommerfest im Juli
- Adventsverkostung im Dez.
- Gästezimmer

Mein Tipp:
Gegrilltes Schweinesteak mit Brot und Salat dazu ein Johanna L. Dornfelder trocken

Eine Uroma, die man trinken kann

Die Zimmermanns wollen dem Wein eine Bühne geben, weshalb sie ihre Straußwirtschaft auch Hofausschank nennen. Dabei ist der Name Programm, denn man sitzt in der warmen Jahreszeit im überdachten Winzerhof, der mediterranes Flair ausstrahlt. Bei Kälte bietet die Weinstube behagliche Gastlichkeit. Für die beiden Männer des Hauses, Vater Artur und Sohn Fabian, steht der Wein im Vordergrund. „Wir wollen ein Weinerlebnis bieten“, sagt Weinbautechniker Fabian Zimmermann. Aus den Anfangsbuchstaben seines Vor- und Nachnamens setzt sich die „FaZit“-Linie des Gutes zusammen. Weißburgunder und Riesling bei den Weißen, St. Laurent und der fulminante Spätburgunder „Freundschaftsspiel“ bei den Roten – dichte Weine mit Kraft und Nachhall. Apropos „Freundschaftsspiel“: Den lässt der DFB bei Länderspielen in den VIP-Lounges ausschenken. In Weinberg und Keller ist es ein Dialog der Generationen, wobei Weinbauingenieur und Diplom-Landwirt Artur Zimmermann den von seinem Sohn gesetzten neuen Impulsen gerne Raum gibt. Wenig Rebsorten, viel Klasse – eine Formel, die aufgeht. Übrigens: Die Weine können auf Wunsch im Hofausschank alle auch schluckweise verkostet werden. Auf der Karte sticht der Name eines Rotweins heraus. „Johanna L.“ heißt der trockene Dornfelder. Eine Hommage an Artur Zimmermanns weltläufig-kluge Großmutter. „Die Uroma schmeckt“, konstatiert Fabian Zimmermann. Die Speisekarte des Hofausschanks ist überschaubar und beinhaltet von Pia Zimmermann zubereitete Klassiker wie Wurstsalat, Flammkuchen, Vesperplatte oder das gegrillte Schweinesteak sowie saisonal wechselnde Gerichte.

Bewertung:

GESAMT:

Wein:

Speisen:

Ambiente

Weingut Burghof
Winzerfamilie Michael Wolf Gutsschänke

Burggrabenstr. 3
55271 Stadecken-Elsheim
Tel. 06136/2089
www.burghof-wolf

Öffnungszeiten:
Januar bis Anfang Juni, 4. Wochenende im August, Oktober bis Anfang Dezember:
Fr, Sa, Mo ab 18 Uhr,
So, Fei ab 16 Uhr

Parken:
eigener Parkplatz 50 Meter entfernt

Reservierungen:
ja

Anzahl der Sitzplätze:
120 drinnen

Besonderheiten:
- Kinderspielecke/Wickelraum
- barrierefrei
- Wildessen in Januar
- Gästezimmer
- montags Tatar

Mein Tipp:
Rumpsteak mit Schmorzwiebeln dazu ein Elsheimer Bockstein Auxerrois trocken

Zwei Welten unter einem Dach

Die Gutsschänke hält innen das, was sie von außen verspricht: ein Brückenschlag von der Tradition zur Moderne. Michael und Manuela Wolf eröffneten 2004 in dem alten Gutsgehöft im Schatten der Stadecker Burg eine Straußwirtschaft. Gemütlich, traditionell. Der gute Zuspruch machte bald deutlich, dass mehr Raum gebraucht wird, also folgte 2010 ein Anbau: modern, Licht durchflutet. Das tiefe Weinrot der neuen Fassade ist verzahnt mit den sandfarbenen Bruchsteinen des alten Hofes. Und auch innen sind alte und neue Burghof-Welt harmonisch miteinander verbunden. Die Wolfs verwöhnen ihre Gäste mit einer guten Palette an bodenständigen Speisen und Weinen. Bestnoten verdient sich der äußerst aufmerksame Service. In der Küche sorgt Mechthild Wolf, die Mutter des Winzers, mit einem Koch für verfeinerte Hausmannskost, wobei Schnitzel- und Rumpsteakvariationen die Karte dominieren. Besonders lecker sind der frisch zubereitete Salat, der saftig-würzige Tomaten-Hackbraten oder die herzhafte Markklößchensuppe. Spezielle Kinder- und Seniorengerichte runden das Angebot ab. Michael Wolf lässt seinen Weinen Zeit zur Reife im Fass und das in aller Ruhe. „Je weniger ich machen muss, desto besser ist es", sagt Michael Wolf. Weiß wie rot sind die Burghof-Weine schnörkellos und geradlinig. Knackig der trockene Riesling aus der Literflasche, bukettreich-aromatisch der restsüße Morio-Muskat. Bei den durchweg maischevergorenen Roten fällt der moderate Alkoholgehalt auf, der ein Glas mehr ohne Reue zulässt.

Bewertung:

GESAMT:

Wein:

Speisen:

Ambiente

Weingut Willersinn Straußwirtschaft

Auf der Peterswiese 6
55271 Stadecken-Elsheim
Tel.: 06136/2341
www.weingut-willersinn.de

Öffnungszeiten:
Anfang Januar bis Mitte März, Mitte September bis Mitte Oktober:
Fr und Sa ab 18, So ab 17 Uhr

Parken:
auf dem Hof

Reservierungen:
ja

Anzahl der Sitzplätze:
drinnen: 50
draußen: 25

Besonderheiten:
- Gartenlust für Frauen (Juni und Juli)
- Koch-Events für Gruppen
- Weinwanderung
- individuelle Weinverkostungen

Mein Tipp:
Schafskäse mediterran, überbacken mit Pesto von Wildkräutern an Tomate, Zucchini und Oliven dazu ein Sauvignon blanc trocken

Frauenpower im Aussiedlerhof

Frauenpower ist angesagt bei den Willersinns. Mutter Ellen ist Herz und Motor der seit 30 Jahren bestehenden Straußwirtschaft des Aussiedlerhofes zwischen Stadecken-Elsheim und Nieder-Olm. Tochter Isabelle hat einen Master-Abschluss in Weinwirtschaft und trug 2014/15 Rheinhessens Weinkrone. Zusammen mit Vater Wolfgang, seines Zeichens Winzermeister, ist sie für die Weine des 15 Hektar-Gutes zuständig. Wolfgang Willersinns Leidenschaft gehört den Burgundern, die es in vielfältigen Spielarten auf der Karte gibt. Die weißen Burgunder betören mit Frucht und Cremigkeit, bei den roten bereiten die Aromen von dunklen Beeren und feine Tanninstrukturen ein nachhaltiges Trinkvergnügen. Das gilt auch für den auf Terra fusca-Untergrund gewachsenen Riesling, die spritzig-frische Cuvée „Summertime" oder die fruchtsüß-aromatischen Huxelrebe-Spezialitäten. „Unsere Weine sollen Spaß machen und dazu animieren, auch noch ein zweites oder drittes Gläschen zu trinken", sagt Isabelle Willersinn – stimmt, ohne Wenn und Aber. In der Küche führt Hauswirtschaftsmeisterin Ellen Willersinn den Kochlöffel und sie tut das mit Kreativität und Finesse bei Kreationen wie gebackener Fleischwurst auf Rote Bete Salsa, dreierlei rheinhessischen Tapas oder überbrutzeltem Ziegenkäse mit köstlichem Honigdressing. Renner der Karte ist die mit Schinken und Käse gefüllte Schlemmertasche. Ellen Willersinn verwendet nur frische, regionale Zutaten – und das schmeckt man. Ihr Können gibt sie bei Koch-Events gerne weiter. Kommen wir zurück zur Frauenpower: Ende Juni und Juli heißt es „GartenLust" im Weingut. Dann ist die Straußwirtschaft nur für Frauen geöffnet.

Bewertung:

GESAMT:

Wein:

Speisen:

Ambiente

TOP 10 TIPP

Weinbar „Vetter Riesling“ Gutsschänke

Außerhalb 1
55578 Vendersheim
Tel. 06732/8732
www.weingut-beiser.de

Öffnungszeiten:
Ende Feb. bis Ende Mai, Sept. bis Anfang Dez.: Fr ab 18, Sa ab 14 (Weinbar „Vetter Riesling“), Mo ab 18 Uhr (Ottos Vinothek)

Parken:
am und im Weingut

Reservierungen:
ja

Anzahl der Sitzplätze:
drinnen: 90, draußen: 50

Besonderheiten:
- schöne Aussicht
- Jahrgangspräsentation im Frühjahr
- Weinwanderung „Sonntags im Wingert“
- Spiel-/Bolzplatz in der Nachbar schaft

Mein Tipp:
Flammkuchen mit Parmesan, Cocktailtomaten, frischem Rucola und gerösteten Pinien- und Kürbiskernen dazu ein „Vetter Riesling“ Gutswein trocken

Weine und Panorama zum Niederknien

Die Seele baumeln lassen kann man auf der Gartenterrasse mit dem atemberaubenden Blick ins Alzeyer Land. Die Räume verbinden rheinhessische Bodenständigkeit mit einem toskanisch anmutenden Hauch zeitloser Eleganz. In dem Familienbetrieb sind die Aufgaben klar verteilt: Weinbauingenieur Simon Beiser ist für die Weinproduktion zuständig, seine Schwester Christiane managt die Gastronomie, die ab August 2017 ein völlig neues Gesicht erhält. „Vetter Riesling" heißt die Weinbar, die freitags und samstags zum Genießen einlädt. Pate für den Namen standen die beiden Vettern Otto (Vendersheim) und Dieter Beiser (Bingen), deren Lieblingstrunk bis heute der Riesling mit all seinen Facetten ist. Zum Wein werden kleine Speisen zum „Munkeln" gereicht. Das alles in entspannter Atmosphäre und mit Selbstbedienung. Unverändert bleibt das Montagsangebot, wenn Ottos Vinothek zum „Wochenend-Chillout" öffnet. Die Beiser-Weine werden dabei von Flammkuchen aus dem Steinofen begleitet. Schon beim ersten Schluck wird die besondere Qualität der Weine schmeckbar. Die komplette Kollektion trägt die wiedererkennbare Handschrift Simon Beisers. Für den Diplom-Ingenieur Weinbau und Oenologie ist die Weinerzeugung Passion. Deren Ergebnis: klar strukturierte, gehaltvolle und lagerfähige Weißweine sowie maischevergorene, ausdrucksstarke Rotweine, die im Holz heranreifen. Gleich ob rot oder weiß: Simon Beisers Weine sind mit das Beste, was in rheinhessischen Straußwirtschaften und Gutsschänken auf den Tisch kommt.

Bewertung:

GESAMT:

Wein:

Speisen:

Ambiente

Weingut Janson Straußwirtschaft

Hauptstraße 7
55578 Vendersheim
Tel. 06732/8771
www.weingutjanson.de

Öffnungszeiten:
ganzjährig Fr ab 18 Uhr

Parken:
im Hof, in angrenzenden Straßen

Reservierungen:
ja

Anzahl der Sitzplätze:
drinnen: 70
draußen: 40

Besonderheiten:
- Gästezimmer
- Weinbergsrundgänge u. fahrten
- kulturelle Veranstaltungen zur Kerb im November
- zur Weinlesezeit im September/Oktober: Wochentags im Wechsel mit anderen Straußwirtschaften und Gutsschänken im Ort geöffnet

Mein Tipp:
Winzersteak mit Bratkartoffeln dazu ein Spätburgunder Ortswein trocken

Genussvolle Hommage an Urvater Daniel

Bei den Jansons sind Weinbau, Gastronomie und Beherbergungsbetrieb eine Familienangelegenheit – und zugleich Herzenssache. Weinbautechniker Oliver Janson setzt auf eine klare Qualitätsschiene im Weinkeller. „Die Basis muss stimmen", sagt er mit Blick auf seine an die VDP-Klassifizierung angelehnte Qualitätspyramide. Das heißt, dass er von den Guts- über die Orts- bis hin zu den Lagenweinen penibel darauf achtet, dass das, was da in Fass, Flasche und Glas kommt, den hohen Ansprüchen an modernen Qualitätsweinbau gerecht wird. Und das tut es. Mehr als das. Ob die nach seinem Vater Wolfgang getaufte Gutsweinlinie, die nach ihm benannten Ortsweine oder die Lagenweine, die den Namen Daniel tragen - alle haben sie eines gemein: sie sind sortentypisch und haben hohen Trinkfluss. Apropos Daniel: Das war der önologische Urvater der Familie, der erste Janson, der 1790 schriftlich belegt Weinbau betrieben hat. Die Premium-Linie des Gutes erinnert an ihn. Es ist eine genussvolle Hommage, denn die Weiß- und Spätburgunder aus Hohlweg und Güldenloch sind komplex, ungemein dicht und voller Nachhall. Zum Wein das Essen. In der von Hauswirtschaftsmeisterin Jutta Janson geführten Küche der Straußwirtschaft gibt es Klassiker des Genres. Spundekäs und Handkäs mit Musik fehlen dabei ebenso wenig wie das Winzersteak mit Bratkartoffeln oder feine Salatteller mit karamellisiertem Ziegenfrischkäse. Das Bauerschmaus-Omelett oder die Wildsülze sind kulinarische Farbtupfer auf dem Speisezettel. Zudem gibt es saisonale Gerichte wie Spargelflammkuchen oder Kürbissuppe.

Bewertung:

GESAMT:

Wein:

Speisen:

Ambiente

Weingut Hoch Borntaler Hof

Straußwirtschaft

Borntaler Hof
55578 Wallertheim
Tel. 06732/1247
www.weingut-hoch.com

Öffnungszeiten:
Juni und Juli sowie Ende August bis Mitte Oktober: Fr und Sa ab 18 Uhr, So ab 17 Uhr

Parken:
auf dem Hof

Reservierungen:
ja (in der 1. Stunde nach Öffnung)

Anzahl der Sitzplätze:
drinnen: 45
draußen: 60

Besonderheiten:
- Gästezimmer
- Weinproben auf Deutsch und Englisch
- Erlebnistage beim Winzer (vom Rebschnitt bis zur Weinlese)
- Jahrgangspräsentation am 1. Mai

Mein Tipp:
Flammkuchen mediterran mit Gemüse und Schafskäse dazu ein Scheurebe trocken

Rassige Weine mit Jahrgangs-Note

Zwei Generationen, vier Köpfe – und am Ende ein Produkt, das überzeugt. Die Straußwirtschaft auf dem Borntaler Hof der Familie Hoch besticht mit rassigen Weinen, die Weinbautechniker Alexander im Zusammenspiel mit Vater Winzermeister Heinz-Günther erzeugt, wobei Hoch-Senior gleichzeitig mit rheinhessischem Mutterwitz für das Entertainment der Gäste sorgt. Bei weißen und roten Weinen ist die Handschrift Alexander Hochs klar erkennbar. „Keine geschönten, weich gespülten Weine, sondern welche, bei denen der Jahrgang schmeckbar ist, auch wenn der mal mehr Restsüße oder auch einen Tick mehr Säure hervorbringt", beschreibt der Weinmacher des Gutes am westlichen Ortsrand den eigenen Anspruch – und dem wird er vom einfachen Literwein bis hin zu den Selections-Spitzen des auf ökologischen Weinbau umgestellten Betriebs gerecht. Ein besonderer Genuss sind die stoffigen, charakterstarken, in Holzfass und Barrique gereiften Rotweine. Die von Hermine Hoch geführte Küche hält regionale Gerichte bereit. Zusätzlich gibt es wöchentlich wechselnde Braten und als besondere Spezialität an zwei Herbst-Wochenenden „Backesgrumbeere nach Art des Hauses". Nicht zu vergessen: die saisonal wechselnden Salate. Dass die Straußwirtschaft familienfreundlich ist, liegt nicht nur am jüngsten Hoch-Sproß Leonard. Kinder können auf dem weitläufigen Hof nach Herzenslust herumtollen. Der aufmerksame Service ist Sache von Alexanders Frau Tanja und seinem Bruder Andreas.

Bewertung:

GESAMT:

Wein:

Speisen:

Ambiente

Weingut Stabel Hohenfelser Hof

Gutsschänke

Am Markt 15
67593 Westhofen
Tel. 06244/4898
www.hohenfelser-hof.de

Öffnungszeiten:
Mai bis Ende August:
Sa ab 18, So und Fei ab 17 Uhr

Parken:
vor dem Weingut

Reservierungen:
ja

Anzahl der Sitzplätze:
im Kreuzgewölbe: 60
im Hof: ca. 60

Besonderheiten:
- Weinprobe in der Adventszeit
- Wanderweinprobe durch die Weinberge
- Mottoweinproben

Mein Tipp:
Winzersteak mit Zwiebeln, Kräuterbutter und Kartoffelspalten sowie gemischtem Salat dazu ein Westhofener Kirchspiel Riesling Spätlese trocken

Markklößchen im Kreuzgewölbe

Direkt am Westhofener Marktplatz befindet sich das Weingut der Familie Stabel. Aus den Steinen des im Dreißigjährigen Krieg zerstörten Hohenfelser Schlosses wurde die Gutsschänke aufgebaut. Der schmucke Gastraum mit dem imposanten Kreuzgewölbe lädt zum gemütlichen Verweilen ein. „Bei uns arbeiten alle Hand in Hand“, sagt Armin Stabel. Zusammen mit seinem Sohn Patrick, Winzer- und Küfermeister, bewirtschaftet er das Gut. Seine Frau Ursula, Köchin aus Passion, geht ihrer Leidenschaft in der Küche der Straußwirtschaft nach. Die Speisekarte ist nach dem Geschmack der Gäste ausgerichtet – und bei denen kommen Ursula Stabels Schnitzel-Variationen bestens an. Aber auch Flammkuchen, Schweinemedaillons, Strammer Max und Toast Hawaii werden gerne bestellt. Und vor allem ein Gericht, das bis zum heutigen Tag an den rheinhessischen Esstischen nicht fehlen darf: Markklößchensuppe. Wöchentlich wechselnde und saisonale Gerichte ergänzen das Angebot. Im Keller trifft Tradition – das Familienwappen der Stabels geht auf das Jahr 1466 zurück – auf Moderne. Der 18 -Hektar-Betrieb hat seine Weinberge in den begünstigten Westhofener Lagen wie Morstein, Steingrube und Kirchspiel. Die Weißweine präsentieren sich jugendlich frisch mit einer präsenten, aber dennoch gut eingebundenen Säure und sortentypischen Fruchtaromen. Riesling, Müller-Thurgau und Burgunder-Sorten dominieren das Sortiment. Den Liebhabern restsüßer, bukettreicher Weine sei der Muskateller empfohlen. Die roten Stabel-Weine sind maischevergoren und im Edelstahl, Holzfass und Barrique herangereift.

Bewertung:

GESAMT:

Wein:

Speisen:

Ambiente

Böhms Weingewölbe **Gutsschänke**

Schlagstraße 2-4
55285 Wörrstadt
Tel. 06732/9659096
www.weingut-boehm.de

Öffnungszeiten:
ganzjährig: tägl. ab 17.30,
So ab 11.30 Uhr
Dienstag Ruhetag

Parken:
vor dem Haus

Reservierungen:
ja

Anzahl der Sitzplätze:
drinnen: 80
draußen: 40

Besonderheiten:
- Gästezimmer
- barrierefrei
- Weinbergsfahrten mit dem Plan wagen

Mein Tipp:
Vegane Pastapfanne mit roten Zwiebeln, Kirschtomaten, buntem Gemüse und Cashewkernen dazu ein Grauburgunder trocken

Hochprozentiges im Gewölbe

Das schmucke Gewölbe ist ausnahmsweise mal keine historische „Kuhkapelle", sondern neueren Datums. Stefan und Monika Böhm ist mit ihrem „Weingewölbe" ein guter Kompromiss zwischen Tradition und Moderne gelungen. Hier treffen sich Wörrstädter und Auswärtige in gepflegter Atmosphäre bei einem reichhaltigen Speisen- und Weinangebot. Wem nach den regional-saisonalen Gerichten, die Küchenchef Alexander Scheirich und sein Kollege Frank Müller zubereiten, der Sinn nach hochprozentigen „Verdauern" steht, ist bei Stefan Böhm genau an der richtigen Adresse. Denn der Winzer erzeugt nicht nur gute Weine, sondern in der eigenen Destillerie des Gutes auch exzellente Brände. Zurück zur Küche. Dort sind Schmankerl wie das deftige Kehlbergschnitzel, Kartoffel-Ziegenkäse- oder Zwiebelpfännchen sowie der Knuspergickel, eine in knusprigem Cornflakes-Mantel gebratene Hähnchenbrust in süß-saurer Sauce, die Renner. Tagesempfehlungen wie frische Forellen, die Winzer Böhm zuweilen von seinen Weintouren aus dem Harz mitbringt, und jahreszeitlich wechselnde Angebote ergänzen die Stammkarte. Die im Edelstahl vergorenen Weißweine des Gutes sind sortentypisch und haben eine moderate Säure. Beeindruckend ist vor allem der auf Korallenkalkboden gewachsene „Terra R"-Riesling. Er überzeugt mit intensiver Mineralität und Nachhaltigkeit. Doch nicht nur in der Spitze, auch im Basis-Segment sind die Böhm-Weine aller Ehren wert, wie etwa der süffig-saftige Silvaner aus der Literflasche beweist. Die maischevergorenen Rotweine sind von kräftiger Farb- und Tanninstruktur und dennoch fruchtig. Immerhin ist rund die Hälfte der 22 Hektar großen Rebfläche des Gutes mit roten Sorten bewachsen.

Bewertung:

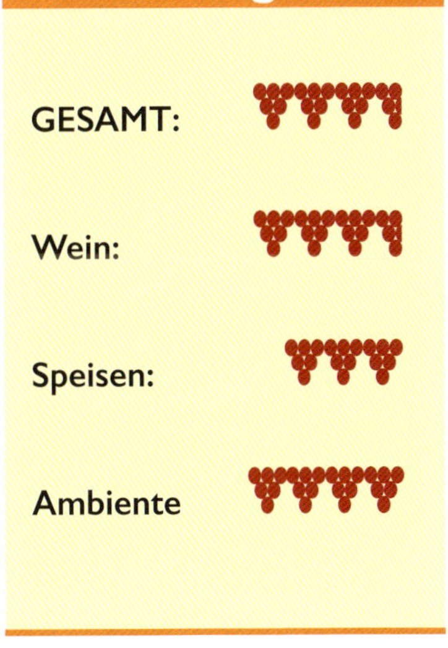

Zum Woifässje, Weingut Ullmer
Gutsschänke

Hauptstraße 5
55286 Wörrstadt-Rommersheim
Tel. 06732/61179
ww.weingut-ullmer.de

Öffnungszeiten:
Fr ab 18 Uhr, Sa ab 18 Uhr
So und Fei ab 17 Uhr

Parken:
am Hof, in angrenzenden Straßen

Reservierungen:
ja

Anzahl der Sitzplätze:
drinnen: 55
draußen: 45

Besonderheiten:
- Hoffest am letzten Juni-Wochenende
- Glühweinfest am 4. Adventssonntag
- kulinarische Weinproben
- Weinbergsrundfahrten
- Lesungen
- Gästehaus

Mein Tipp:
Woifässje Schnitzel mit Bratkartoffeln und Salat dazu ein Chardonnay trocken

Süße Rarität und aromatische Knollen

Die fränkische Hofreite in der Rommersheimer Hauptstraße wurde 1875 errichtet. 1936 erwarb Klaus Ullmers Großvater das Anwesen. Im ehemaligen Kuhstall haben die Ullmers 1992 eine rustikale Weinstube eingerichtet, die seither zu einem gemütlichen Treffpunkt für Gäste aus dem ganzen Rhein-Main-Gebiet geworden ist. Winzer Ullmer gönnt seinen weißen und roten Weinen ein langes Feinhefelager. Das Ergebnis sind feinfruchtige, spritzige Weiße und harmonische Rote, wobei Letztere erst nach einjährigem Flaschenlager auf die Karte des „Woifässje“ kommen. Vor einigen Jahren begann Klaus Ullmer damit, eine besondere Spezialität zu erzeugen: rheinhessischen Portwein. Kräftig, dicht, würzig und mit einer schmeichelnden Süße präsentiert sich der „Rubin“, der vor oder nach dem Essen ein genussvolles Ausrufezeichen setzt. In der Küche der Gutsschänke sorgt ein anderes selbst angebautes Produkt für Akzente: Knoblauch. Dessen Zucht ist ein Hobby des Hausherrn. Ob nun in verschiedenen Varianten als Knobi-Stange oder als mit Knobi gefülltes Schnitzel, die aromatische Knolle findet ihre Liebhaber. Doch es gibt nicht nur Knoblauchgerichte. Evelyn Ullmer kocht aus Leidenschaft und experimentiert gerne. Wer im Frühjahr das Woifässje besucht, sollte den aus eigenem Anbau stammenden Spargel probieren. Die regionaltypische Karte mit deftigen Speisen wird ergänzt durch saisonale Gerichte.

Bewertung:

GESAMT:

Wein:

Speisen:

Ambiente

Weingut Becker-Schittler

Hahnheimer Str. 30
55270 Zornheim
06136-44790
www.schittler-becker.de

Öffnungszeiten:
Januar bis Februar (außer Fastnacht), Mai –bis August: jeden 1. Fr im Monat Julias Weinfeeling im Gutsgarten, 2. u. 3. Oktoberwochenende, November: Fr u. Sa ab 17 Uhr, So ab 15 Uhr

Parken:
im und rund um den Hof

Reservierungen:
ja

Anzahl der Sitzplätze:
70 drinnen
100 draußen

Besonderheiten
- kinder- und hundefreundlich
- offener Kamin
- schön angelegter Weingarten im Hof

Mein Tipp:
Winzerkartoffelsuppe dazu ein Sylvaner trocken

Familiäre Atmosphäre aus Tradition

Seit 40 Jahren bewirtet die Winzerfamilie Gäste in der rustikalen Gutsschänke. Chefin Simone Becker-Schittler ist es wichtig, „dass jeder sich so fühlt, als würde er zur Familie gehören." Tochter und Winzerin Julia Schittler ist, zusammen mit Vater Jürgen, seit 2015 verantwortlich für den Weinbau und vereinigte dabei auch die bisher alleine wirtschaftenden, elterlichen Betriebe. Sohn Dominik befindet sich gerade in der Winzerausbildung und packt tatkräftig mit an. Sehr gute Lagen in Zornheim und Weinolsheim bilden das Fundament des umfangreichen Weinangebotes: 33 Positionen bietet daher die Weinkarte in der Gutsschänke. In den Sommermonaten lädt der herrlich angelegte Weingarten im Hof zum Verweilen ein. Von Mai bis August wird dort bei Julias Weinfeeling an jedem ersten Freitag im Monat Livemusik geboten und das Grillbuffet eröffnet. Der schöne Freisitz ist in der warmen Jahreszeit auch zu weiteren Terminen geöffnet. Beim Federweißenfest im Oktober kredenzt man hausgemachten Zwiebelkuchen, regionale Wurstspezialitäten und natürlich roten und weißen Rauscher. Frischer Spießbraten, eine nach altem Hausrezept gekochte Kartoffelsuppe mit Wein und Käse sowie kalte und warme Wildspezialitäten aus dem Ober-Olmer Wald sind die kulinarischen Highlights im Herbst und Winter. „Wir rollen die Serviettenknödel noch selbst und unser Rotkraut hobeln wir auch, wie bei Muttern eben", erzählt Simone Becker-Schittler. In der kalten Jahreszeit knistert dann auch behaglich der offene Kamin und lädt die Gäste dazu ein, Teil der Familie zu sein.

Bewertung:

GESAMT:

Wein:

Speisen:

Ambiente

Koche mit
Bedacht.

7 Weingastronomie

Das Angebot rheinhessischer Weingastronomie beschränkt sich natürlich nicht auf Straußwirtschaften und Gutsschänken. Denn es gibt in dem Land der 1000 Hügel auch eine ganz Reihe exzellenter Restaurants, die entweder Weingütern angegliedert sind oder aber über eine hervorragende Weinkarte verfügen – von den exquisiten Speisen einmal ganz abgesehen. Nachfolgend eine Reihe empfehlenswerter kleiner und großer Gourmet-Tempel.

Eppard in der Hundertguldenmühle

Eva Eppard
Hundertguldenmühle 2
55437 Appenheim
Tel. 06725/9990210
www.100guldenmuehle.de
Mi-Fr ab 17, Sa ab 16.30 (Okt.-Apr.), So + Fei 11.30-14, ab 17 Uhr

Nickl's Speisekammer

Im Weingut Johanninger
Frank und Monika Nickl
Hauptstraße 4-6
55546 Biebelsheim
Tel. 06701/4289823
www.nickls-speisekammer.de
Do-Sa ab 18, So 12-16, ab 18 Uhr

Dohlmühle

Familie Stütz
An der Dohlmühle 1
55237 Flonheim
Tel. 06734/941010
www.dohlmuehle.de
Mi-Mo ab 18, So + Fei auch 12-14 Uhr

Zum goldenen Engel

Klaus Mayer
Marktplatz 3, 55237 Flonheim
Tel. 06734/913930
www.zum-goldenen-engel.com
Mo-Di 17-22, Do (nur Mai-August) 17-22, Fr-So 12-14, 17-22 Uhr

Espenhof

Heike Espenschied
Poststraße 1
55237 Flonheim-Uffhofen
Tel. 06734/962730
www.espenhof.de
Di-Sa ab 17.30, So + Fei 12-14, 17-22 Uhr

Das Nack

Pfarrstraße 13
55296 Gau-Bischofsheim
Tel. 06135/3043
www.restaurant-nack.de
Mi-So ab 17, Sa + So zusätzlich 11-15 Uhr

Wasems Kloster Engelthal

Edelgasse 15
55218 Ingelheim
06132/2304
www.wasem.de
Mo-Sa ab 17, So ab 12, Mi geschlosssen

Jordans Untermühle

Gerhard Jordan
Außerhalb 1, 55278 Köngernheim
Tel. 06737/71000
www.jordans-untermuehle.de
Mo-So ab 11 Uhr

Atrium Hotel

Flugplatzstraße 44
55126 Mainz-Finthen

Tel. 06131/491-0
www.atrium-mainz.de
Täglich ab 18 Uhr

Landhotel St. Gereon
Carl-Zuckmayer-Platz 3
55299 Nackenheim
Tel. 06135/70 45 90
www.Landhotel-st-gereon.com
Mo 18-22, Di-Sa 12-14, 18-22,
So 12-14.30, 18-21 Uhr

Das Crass
Wein Wirtschaft Hotel
Pariser Straße 129
55268 Nieder-Olm
Tel. 06136/81448-0
www.dascrass.de
Di-So ab 17,
So + Fei auch 12-14.30 Uhr

Mundart
Markus Hebestreit
Weedengasse 8
Nieder-Saulheim
Tel. 06732/9322966
www.mundart-restaurant.de
Fr-Di ab 17.30, So auch 12-14 Uhr

benzoliver
Oliver Benz, Lannerstraße 16a
55270 Ober-Olm
Tel. 06136/9224414
www.benzoliver.de
Mi-Sa ab 18, So + Fei 12-15,
ab 18 Uhr

Landhaus Dubs
Wolfgang Dubs
Am Mühlpfad 10
67574 Osthofen
Tel. 06242/9125205
www.dubs.de

So-Fr 12-14, 18-22,
Sa ab 18 Uhr, Di Ruhetag

Restaurant Zum alten Weinkeller
Familie Immerheiser
Schulstraße 6-10
55270 Schwabenheim
Tel: 06130/941800
www.immerheiser-wein.de
Mi-So ab 18, So auch 12-14 Uhr

Kaupers Kapellenhof
Sebastian Kauper & Nora Breyer
Kapellenstraße 18 a
55278 Selzen
Tel. 06737/8325
www.kauperskapellenhof.de
Fr-Di ab 19 Uhr, feiertags mittags
oder abends (siehe Homepage)

Landgasthof Kirschgarten
Marianne Küsgens
Kleine Hohl 2
55263 Wackernheim
Telefon 06132/899790
www.landgasthofkirschgarten.de
Mo-Sa 18-21.30, So 12-14,
18-20.30 Uhr

Zum gläsernen Trinkhorn
Markus Lettau
Kegelbahnstraße 3
55286 Wörrstadt-Rommersheim
Tel. 0 67 32/600 580 9
www.zum-trinkhorn.de
Mi-Sa ab 18, So 12-14, ab 18 Uhr

8 Rheinhessen in Zahlen und Fakten

Bei der Neugliederung Europas auf dem Wiener Kongress 1816 – nach Napoleons Niederlage bei Waterloo – schlug die Geburtsstunde Rheinhessens. Der linksrheinische Landstrich im Städtekarrée Bingen, Mainz, Worms und Alzey wurde seinerzeit dem Großherzogtum Hessen, nach 1919 dem Volksstaat Hessen zugeordnet. Seit Ende des Zweiten Weltkriegs gehört das Land der 1.000 Hügel dem Bundesland Rheinland-Pfalz an. Heute leben rund 600.000 Menschen hier.

Trotz des Strukturwandels auf dem Agrarsektor, dem vor allem die Nebenerwerbs- und Kleinstbetriebe zum Opfer gefallen sind, ist der Weinbau nach wie vor ein wichtiges Standbein der Region und leistet einen nicht zu unterschätzenden Beitrag zur rheinhessischen Identität. Gleichwohl ist diese Identität bei den Rheinhessen selbst noch längst nicht so verinnerlicht wie dies bei den Nachbarn in der Pfalz der Fall ist. Doch das mit 26.627 Hektar bestockter Rebfläche und einer jährlichen Erntemenge von rund 2,6 Millionen Hektoliter im Schnitt größte deutsche Weinanbaugebiet befindet sich im Aufbruch. Junge, gut ausgebildete Winzerinnen und Winzer sorgen für Bewegung, produzieren positive Schlagzeilen am Fließband und machen Rheinhessen über seine Grenzen hinaus bekannt. Und sie arbeiten hart daran, den „Süß-und-billig"-Aufkleber, der Rheinhessen seit den Siebzigern anhaftet, als Masse statt Klasse den Ruf des Rheinhessens nachhaltig schädigte, abzulösen. Mit Erfolg, wenngleich man noch nicht am Ende des Weges angekommen ist.

Trullo bei Flonheim

Gleiches gilt für den Bekanntheitsgrad. Immer noch verorten viele Menschen außerhalb des Gebietes Rheinhessen nach Hessen, in die Pfalz oder ins Rheinland. Auch nach dem 200. Geburtstag im Jahr 2016 liegt somit noch eine Menge Arbeit vor den Dachverbänden Rheinhessen Marketing, Rheinhessen Touristik und Rheinhessenwein, um die 1.401 Quadratkilometer große Region stärker in den Köpfen der Menschen zu verankern.
Ein bestens dazu geeignetes Medium ist der Wein. Die besten Botschafter Rheinhessens sind dessen Erzeuger, die Winzer. 2.856 Weinbaubetriebe gibt es in Rheinhessen, 1.487 füllen als Direktvermarkter ihren Wein in Flaschen. Eine Zahl, die belegt, dass noch immer ein Großteil der Weinernte in Rheinhessen über das Fass vermarktet wird, denn auch die meisten Flaschenweinerzeuger geben einen Teil ihrer Produktion in diesen Vermarktungskanal. Rund zwei Drittel der rheinhessischen Weinmenge wird über Kellereien und Lebensmitteleinzelhandel verkauft. Abgefüllt werden diese Weine zumeist von großen Kellereien an der Mosel.
In 133 der 136 rheinhessischen Gemeinden wird Weinbau betrieben – lediglich Hamm, Nieder-Wiesen und Budenheim sind rebenfrei. Aufgeteilt ist das Rebenmeer der Anbaugebietes in drei Bereiche (Bingen, Nierstein und Wonnegau), 23 Großlagen wie etwa Oppenheimer Krö-

tenbrunnen, Niersteiner Gutes Domtal, Flonheimer Adelberg, Binger St. Rochuskapelle oder Ingelheimer Kaiserpfalz, und 414 Einzellagen.
Bei den Rebsorten hat sich der Riesling (4.538 Hektar) die Spitzenposition erobert, gefolgt von Müller-Thurgau mit 4.357 Hektar und dem Dornfelder (3.391 Hektar). Gerade diese Sorte hat eine bemerkenswerte „Karriere" hinter sich: Zunächst als reiner Farbgeber den seinerzeit etwas blassen rheinhessischen Rotweinen untergemischt, trat der Dornfelder etwa Mitte der 1990er-Jahre aus dem Windschatten von Spätburgunder und Co. heraus. Der Dornfelder wurde quasi über Nacht zum Star. Mostpreise von über vier D-Mark je Liter (als die Preise auf dem Fassweinmarkt im Keller waren) ließen ihn zum Shooting star des Rebsortiments werden. In der Folgezeit „rüsteten" die Rheinhessenwinzer mächtig auf, legten zahlreiche neue Dornfelder-Weinberge an, was in der Konsequenz zu einem Preiseinbruch führte, wenngleich sich der Dornfelder bei Weintrinkern und Winzern immer noch großer Beliebtheit erfreut.
Auf 2.284 Hektar wächst in Rheinhessen Silvaner. Rheinhessen ist damit das größte Silvaner-Anbaugebiet in der Welt. Eine weitere wichtige Rebsorten ist der Spätburgunder (1.470 Hektar). Einen imposanten Aufstieg verzeichnen indes die Burgunder-Sorten. Gab es 1990 nur 331 Hektar Grauburgunder, waren es 2016 1.675 Hektar. Weißburgunder wuchs im gleichen Zeitraum von 137 auf 1.195 Hektar. Der Anfang der 90er erst für den Anbau in Rheinhessen zugelassene Chardonnay weist eine noch rasantere Zuwachsrate von einem Hektar 1990 auf 657 Hektar 2016 auf. Der Modewein der letzten Jahre ist der Sauvignon blanc. 239 Hektar Weinberge mit dieser Rebsorte gab es 2015 in Rheinhessen. Insgesamt dominieren in Rheinhessen die weißen Rebsorten mit 18.808 Hektar (= 71 Prozent) gegenüber den roten, die auf eine Rebfläche von 7.819 Hektar (= 29 Prozent) kommen.
Bei den Geschmacksrichtungen zeigt sich ein Wandel. Waren bei der Qualitätsweinprüfung im Alzeyer Weinbauamt im Jahr 2000 nur 20,6 Prozent trockene Weine, so stieg deren Anteil bis 2011 auf 36,8 Prozent. Auch die halbtrockenen Weine legten in diesem Zeitraum von 6,4 Prozent auf 16,7 Prozent zu. In gleichem Maße sank der Anteil an lieblichen oder süßen Weinen von 73 auf 46,5 Prozent.
Rheinhessen ist überdies das deutsche Weinanbaugebiet mit dem größten Exportanteil. Dass sich diese Position festigen und ausbauen lässt, dazu kann auch das internationale Netzwerk „Great Wine Capitals" beitragen, dem Mainz und Rheinhessen seit 2008 als einziges deutsches Mitglied angehören. Ziel des Netzwerkes ist es, die Zusammenarbeit der berühmten Weinbaustädte und -regionen zu fördern.

9 Hinweis zum Schluss

Es mag sein, dass der eine oder andere seine Lieblings-Straußwirtschaft/-Gutsschänke in diesem Buch vermisst und der Meinung ist, sie gehöre unbedingt zu den 50 besten in Rheinhessen. Hinweise werden gerne entgegengenommen – und einer Prüfung unterzogen, denn dieser Band soll fortgeschrieben werden. Gleiches gilt für den Fall, dass das eigene Empfinden von der Bewertung von Wein, Speisen und Ambiente in diesem Führer extrem abweichen sollte. Auch hier wird um eine Nachricht gebeten, damit eine nochmalige Prüfung erfolgen kann. Am besten eine Mail an info@leinpfadverlag.de oder eine postalische Nachricht an Leinpfad Verlag, Leinpfad 5, 55218 Ingelheim schicken.

10 Autor & Fotograf

Der eine arbeitet in der „heimlichen Hauptstadt Rheinhessens", der andere jettet um die Welt und sieht nämliche meist durch den Sucher seiner Kamera. Thomas Ehlke (geb. 1960 in Mainz) und Torsten Zimmermann (geb. 1969 in Mainz) leben und arbeiten in verschiedenen Umfeldern – und finden dennoch immer wieder zusammen, um ein gemeinsames Buchprojekt zu realisieren. Der „Weinkompass Rheinhessen" ist bereits ihr drittes Werk, bei dessen Produktion sie viel Spaß hatten.
Thomas Ehlke (auf dem Foto links) ist Journalist, seit 1989 Redakteur der Allgemeinen Zeitung Mainz und derzeit Leiter der Alzeyer Lokalredaktion. Gerne widmet er sich beruflich dem Wein, kann zahlreiche Veröffentlichungen dazu vorlegen. Der bekennende Rheinhesse mag Land und Leute, Weine und Winzer des größten deutschen Anbaugebiets. Er ist Juror bei Weinwettbewerben, sitzt in der Jury bei der Wahl zur Rheinhessischen und Deutschen Weinkönigin. 2004 wurde er zum Oppenheimer Weinritter geschlagen, im August 2012 folgt der Weinschöffenschlag in Nierstein. Seit 2005 ist Thomas Ehlke Mitglied der Weinbruderschaft Rheinhessen zu St. Katharinen. – Mit all dem hat **Torsten Zimmermann** wenig zu tun. Er hat dafür auch gar keine Zeit, ist er doch ständig auf dem Sprung, um für Magazine wie Cosmopolitan oder Vogue, den Burda-Verlag, Unternehmen wie Thomas Cook, Skoda, Sparda Bank Südwest oder Kia seinen Blitzlicht-umstrahlten Job zu tun. Man sieht ihn mit seiner Kamera bei Verleihung von Bambi und Goldener Kamera und auch in der Coface Arena, denn der Fußballfan ist Teamfotograf der 05er – und das mit Leib und Seele.

11 Dank und Quellennachweis

Die Arbeit an diesem Buch wurde von vielen hilfsbereiten Menschen unterstützt, denen ich von Herzen danken möchte. Stellvertretend seien an dieser Stelle genannt Angelika Schulz-Parthu und das Team vom Leinpfad Verlag, Bernd Kern und Andrea Horst vom Rheinhessenwein e.V., Dr. Elisabeth Seemers von der Landwirtschaftskammer Rheinland-Pfalz, Christa, Rüdiger und Christian Möller, Laura Umstätter, Gerda Hassinger, Anita Pleic, Nadia Dünnes, Astrid Kieltsch sowie alle Winzerinnen und Winzer, deren Straußwirtschaften und Gutsschänken in diesem Band enthalten sind, für die freundliche Aufnahme und interessanten Gespräche. Last but not least meiner Frau Ute für die geduldige Begleitung während der anstrengenden Arbeitsphase an diesem Buch und die konstruktiv-kritische Tätigkeit als „Testesserin".

An der dieser vorliegenden Neuauflage des **Weinkompass Rheinhessen** haben zwei Menschen mit ihrem Weinsachverstand mit-gewirkt, denen an dieser Stelle besonders gedankt sein soll. René Harth (Foto links) ist ein von der Landwirtschaftskammer zertifizierter Prüfer und profunder Kenner der rheinhessischen Weinszene. Der „Weinentdecker", wie er sich selbst nennt, betreibt das Internetportal www.mein-rheinhessenwein.de – ein Mausklick zum Genuss.

Christian Möller hat in Geisenheim Getränketechnologie studiert und steht nun in Diensten von Henkell in Wiesbaden, wo er sich um Sektgrundweine und Stillweine kümmert. Er ist ein exzellenter Sensoriker mit klarem Urteilsvermögen – und ganz nebenbei einer von zwei Lieblingsneffen des Autors.

Literatur/Quellennachweis:

Hans-Jörg Koch, Rheinhessisches Weinlexikon, Mainz 2002
Walter Hillebrand, Heinz Lott, Franz Pfaff, Taschenbuch der Rebsorten, Wiesbaden 1972
Frank Kämmer, Kleines Lexikon der Wein-Irrtümer, Frankfurt 2006
Volker Gallé, Kunstreiseführer Rheinhessen, Ingelheim 2010